Der Eigentumsvorbehalt beim Kauf

(BGB. § 455)

von

Dr. jur. Richard Jaffé

Leipzig
Verlag von Veit & Comp.
1910

Leipziger juristische Inauguraldissertation

Druck von Metzger & Wittig in Leipzig.

Meinen Eltern

Vorwort

Wenn ich die vorliegende Arbeit mit der Überschrift „Der Eigentumsvorbehalt beim Kauf" versehen habe, so muß ich bemerken, daß es nicht meine Absicht ist, das Institut des Eigentumsvorbehalts in seinem ganzen Umfange hier zu behandeln. Es ist ja von alters her ein viel umstrittenes Rechtsgebiet gewesen, so daß es eine ansehnliche Literatur darüber gibt; manche Fragen sind zwar, insbesondere durch die neue Zivilgesetzgebung, entschieden worden; dafür sind aber wieder andere aufgetaucht, die noch der Lösung harren, und fast über jede einzelne ließe sich eine Abhandlung schreiben. Ich konnte es nun nicht als meine Aufgabe betrachten, dies alles in den engen Rahmen meiner Darstellung zu zwängen. Ich habe mir daher nur einiges aus dieser Fülle zu eingehender Erörterung ausersehen.

Ich scheide zunächst das ganze Gebiet der Singularexekution aus, insbesondere die beiden Fragen, ob der Verkäufer seine eigene Sache pfänden lassen und auf welche Art und Weise ein dritter Gläubiger des Käufers die Vollstreckung in die Kaufsache betreiben kann. Außer Betracht bleibt auch das Thema „Eigentumsvorbehalt und wesentlicher Bestandteil", vornehmlich der Eigentumsvorbehalt an Maschinen. Und weiter habe ich mich entschlossen, von einer Darstellung der Geschichte unseres Rechtsinstituts und der Theorien, die früher über sein Wesen aufgestellt worden sind, abzusehen; denn hierüber ließe sich bei der großen vorhandenen Literatur nur wenig Neues sagen.

Was hiernach für unsere Erörterung übrig bleibt, mag auf den ersten Blick etwas dürftig erscheinen: es ist im wesentlichen der juristische Aufbau des Eigentumsvorbehalts, wie er sich nach der heutigen Gesetzgebung darstellt, ferner das sich daraus ergebende materiellrechtliche Verhältnis der Parteien zueinander in seinen Hauptzügen und schließlich die Stellung des Verkäufers im Konkurse des Gegners. Allein gerade hier, glaube ich, sind in der bisherigen Literatur, die sich mehr mit den von mir ausgeschiedenen Fragen befaßt hat, einige beachtenswerte Punkte etwas zu kurz gekommen. Auf diese werde ich das Hauptgewicht legen, während die übrigen Teile meiner Abhandlung nur dazu dienen sollen, das Gesamtbild des Eigentumsvorbehalts zu vervollständigen.

Richard Jaffé.

Inhalt

Literaturverzeichnis

Arndts, Pandekten. 13. Aufl. Stuttgart 1886.
Bekker, System des heutigen Pandektenrechts. Bd. 2. Weimar 1889.
Biermann, Das Sachenrecht des BGB. 2. Aufl. Berlin 1903.
Brinz, Pandekten. Bd. 1, 2. Aufl. Erlangen 1873.
Cohen, in Grünhuts Zeitschrift, Bd. 21 (1894) S. 688 ff.
Cohn, in Gruchots Beiträgen zur Erläuterung des deutschen Rechts, Bd. 47 (1903) S. 221 ff.
Cosack, Lehrbuch des deutschen bürgerlichen Rechts. Bd. 1, 4. Aufl. Jena 1903.
Crome, System des deutschen bürgerlichen Rechts. Bd. 2. Tübingen-Leipzig 1902.
Dernburg, Pandekten. Bd. 1, 6. Aufl. Berlin 1900.
—— Das bürgerliche Recht des Deutschen Reichs und Preußens. Bd. 1, 1. Aufl. 1902; Bd. 2, 2, 3. Aufl. 1906; Bd. 3, 4. Aufl. 1908. Halle a. S.
Duncker, im Neuen Rheinischen Museum für Jurisprudenz, Bd. 5 S. 65 ff., 160 ff. Göttingen 1833.
Düringer, in der Leipziger Zeitschrift für Handels-, Konkurs- und Versicherungsrecht, Jahrg. 1908 S. 104.
Düringer-Hachenburg, Kommentar zum HGB. Bd. 2, 1. Aufl. Mannheim 1901.
Endemann, Lehrbuch des bürgerlichen Rechts. Bd. 1 und 2, 1, 8. und 9. Aufl. Berlin 1903/05.
Fischer-Henle, BGB. mit Anmerkungen. 7. Aufl. München 1906.
Fitting, Das Reichskonkursrecht. 3. Aufl. Berlin 1904.
Geißler, in der Juristischen Wochenschrift, Jahrg. 1905 S. 521 f.
Gensler, im Archiv für die zivilistische Praxis, Bd. 2 (1821) S. 291 ff.
v. Geyso, in der Zeitschrift für Zivilrecht und Prozeß, Bd. 5 S. 161 ff. Gießen 1832.
Goldmann-Lilienthal, Das BGB. systematisch dargestellt. Bd. 1 § 142; 2. Aufl. Berlin 1903.
Goldschmidt, Handbuch des Handelsrechts. Bd. 1, 2. Abt. Erlangen 1868.
Hellwig, Lehrbuch des deutschen Zivilprozeßrechts. Bd. 1. Leipzig 1903.
Hofmann, im Archiv für die zivilistische Praxis, Bd. 18 (1835) S. 254 ff.
Hölder, Pandekten. Freiburg 1891.
—— Kommentar zum Allgemeinen Teil des BGB. München 1900.
Huschke, im Archiv für die zivilistische Praxis, Bd. 62 (1879) S. 332 ff.
Jaeger, Kommentar zur Konkursordnung. 2. Aufl. 1904; 3. und 4. Aufl., 1. und 2. Lieferung, 1907 Berlin.
Kahn, im „Recht", Jahrg. 1903 S. 546 f.
Lazarus, Das Recht des Abzahlungsgeschäftes. Berlin 1898.
Leist, Die Sicherung von Forderungen durch Übereignung von Mobilien. S. 44 ff. 52 ff. Jena 1889.

Leonhard (Rudolf), in Iherings Jahrbüchern für die Dogmatik des heutigen römischen und deutschen Privatrechts, Bd. 17 S. 183 ff.
Leonhardt (Adolph), Zur Lehre von den Rechtsverhältnissen am Grundeigentum. IV. Abschnitt. Hannover 1843.
Lubowski, im Zentralblatt für freiwill. Gerichtsbarkeit und Notariat, 9. Jahrg. (1909) S. 68 ff.
Meyer (H.), im „Recht“, Jahrg. 1908 S. 380.
Motive zu dem Entwurfe eines bürgerlichen Gesetzbuchs. Bd. 2 und 3. Berlin-Leipzig 1888.
—— zur Konkursordnung, in den Materialien zu den Reichsjustizgesetzen, Bd. 4. Herausgegeben von Hahn. Berlin 1881.
Müller, im Archiv für die zivilistische Praxis, Bd. 12 (1829) S. 247 ff.
Oertmann, Kommentar zum BGB., Recht der Schuldverhältnisse. 2. Aufl. Berlin 1906.
Oetker, in Buschs Zeitschrift für deutschen Zivilprozeß, Bd. 14 (1890) S. 1 ff.
Olshausen, in Gruchots Beiträgen zur Erläuterung des deutschen Rechts, Jahrg. 1908 S. 474.
Planck, Kommentar zum BGB. Bd. 1—3, 3. Aufl. Berlin 1903/07.
Protokolle der Kommission für die 2. Lesung des Entwurfs des BGB. Bd. 2. Berlin 1898.
Puchta, Pandekten. 12. Aufl. Leipzig 1877.
Pudor, in der Juristischen Wochenschrift, Jahrg. 1905 S. 314 f. und S. 566 f. (Auszüge auf seiner Dissertation, s. u.).
v. Sarwey-Boßert, Kommentar zur KO. 4. Aufl. Berlin 1901.
Schneider, im „Recht“, Jahrg. 1908 S. 29 f.
Seuffert, Kommentar zur ZPO. Bd. 1, 10. Aufl. München 1907.
Siber, Die Passivlegitimation bei der rei vindicatio. Leipzig 1907.
Sintenis, Das praktische gemeine Zivilrecht. Bd. 1 § 49 A. 21, 3. Aufl. Leipzig 1868.
Sohm (Martin), in Goldschmidts Zeitschrift für das gesamte Handelsrecht, Bd. 53 (1903) S. 79 ff.
—— (Rudolph), Institutionen des römischen Rechts. 13. Aufl. Leipzig 1908.
Staub, Kommentar zum HGB. Bd. 2, 8. Aufl. Berlin 1907.
v. Staudinger, Kommentar zum BGB. Bd. 2 und 3, 3. u. 4. Aufl. München 1908/07; Bd. 1, 5. und 6. Aufl. München und Berlin 1910.
Strohal, Der Sachbesitz nach dem BGB. Jena 1897 (Iherings Jahrbücher Bd. 38 S. 1 ff.).
Thiesing, in Kohlers Archiv für bürgerliches Recht, Bd. 20 S. 240 ff.
Thorsch, Das pactum reservati dominii. Straßburg 1875.
Treitschke, Der Kaufkontrakt in besonderer Beziehung auf den Warenhandel. § 51, 2. Aufl. Gera 1865.
v. Vangerow, Lehrbuch der Pandekten. Bd. 1, 7. Aufl. Marburg und Leipzig 1863.
Verhandlungen des 27. deutschen Juristentages. Bd. 4 S. 112 ff., 627 ff. Berlin 1905.
v. Wilmowski-Kurlbaum, Kommentar zur KO. 6. Aufl. Berlin 1906.
Windscheid-Kipp, Pandekten. Bd. 1 und 2, 9. Aufl. Frankfurt a. M. 1906.

Rechtsprechung.

Badische Rechtspraxis, Jahrg. 1901, 1903.
Bolze, Die Praxis des Reichsgerichts in Zivilsachen, Bd. 23. Deutsche Juristenzeitung, Jahrg. 1902, 1906.
Entscheidungen des Reichsgerichts in Zivilsachen, Bd. 7, 9, 17, 46, 49, 53, 54, 56, 64, 67.
Juristische Monatsschrift für Posen, West- und Ostpreußen und Pommern. Jahrg. 1903.
Juristische Wochenschrift, Jahrg. 1894, 1902, 1905—08.
Leipziger Zeitschrift für Handels-, Konkurs- und Versicherungsrecht, Jahrg. 1907, 1909.
Puchelts Zeitschrift für deutsches bürgerliches Recht und französisches Zivilrecht, Jahrg. 1905.
Das Recht. Rundschau für den deutschen Juristenstand, Jahrg. 1902, 1903, 1905, 1907, 1909.
Rechtsprechung der Oberlandesgerichte Bd. 2, 6, 8, 10, 13, 15, 19.
Seufferts Archiv für Entscheidungen der obersten Gerichte in den deutschen Staaten, Bd. 2, 5, 23, 25, 35, 50, 62, 63.
Warneyers Jahrbuch der Entscheidungen. Leipzig.
Zeitschrift für die Rechtspflege in Bayern, Bd. 2.

Dissertationen.

Bade, Über Bedeutung und Wirksamkeit des sogen. pactum reservati dominii. Rostock 1899.
Behrens, Der Eigentumsvorbehalt nach § 455 des BGB. Göttingen 1903.
Bumke, Das pactum reservati dominii beim Kaufvertrage im gemeinen Recht. Greifswald 1898.
Frey, Das pactum reservati dominii. Heidelberg 1906.
Loepert, Der Eigentumsvorbehalt beim Kauf nach gemeinem Recht und dem BGB. Heidelberg 1904.
Moser, Der Eigentumsvorbehalt beim Kauf nach römischem Recht. Breslau 1904.
Pudor, Der Vorbehalt des Eigentums. § 455 BGB. Leipzig 1903.
Stern, Eigentumsvorbehalt bei Veräußerung beweglicher Sachen. Jena 1907.
Wanjura, Der Eigentumsvorbehalt an Grundstücken und an Fahrnis. Breslau 1907.

Beim Zitieren der hier genannten Schriftsteller werden die Titel der Schriften nur dann erwähnt, wenn dies zur Unterscheidung erforderlich ist. Im übrigen verweise ich hiermit auf das Literaturverzeichnis.

Abkürzungen

BadRpr.	= Badische Rechtspraxis.
BayZ.	= Zeitschrift für die Rechtspflege in Bayern.
DJZ.	= Deutsche Juristenzeitung.
JW.	= Juristische Wochenschrift.
LeipzZ.	= Leipziger Zeitschrift für Handels- usw. Recht.
Mot.	= Motive zum Entwurfe eines BGB.
OLG.	= Rechtsprechung der Oberlandesgerichte.
PosMSchr.	= Juristische Monatsschrift für Posen usw.
Prot.	= Protokolle der Kommission usw.
PucheltsZ.	= Puchelts Zeitschr. usw.
Recht	= Das Recht. Rundschau usw.
RG.	= Entscheidungen des Reichsgerichts in Zivilsachen.
SeuffA.	= Seufferts Archiv usw.

§ 1

Einleitung.

Der Eigentumsvorbehalt spielt eine bedeutende Rolle im Kredithandel. Er hat die Aufgabe, dem kreditierenden Verkäufer eine Sicherheit für den gestundeten Kaufpreis zu gewähren. Den gleichen Zweck kann zwar auch ein Pfand oder eine fiduziarisch übereignete Sache erfüllen. Wenn jedoch der Käufer keine anderen Gegenstände zur Verfügung hat, die er der Sicherung des Verkäufers dienstbar machen könnte, als die Kaufsache selbst, dann sind die letztgenannten Sicherungsmittel nicht zu verwenden. Ein Pfandrecht ist überhaupt ausgeschlossen; denn wer eine Sache auf Kredit kauft, will sie sofort ausgeliefert erhalten; zur Begründung eines Pfandrechts wäre aber nach dem herrschenden Faustpfandprinzip (§ 1205 BGB.) erforderlich, daß die Sache in den Händen des Verkäufers bleibt. Die Begründung eines fiduziarischen Eigentums für den Verkäufer wäre allerdings denkbar; da jedoch der Käufer der Sache bedarf, so wäre dazu nicht nur eine Eigentumsübertragung vom Verkäufer auf den Käufer und eine fiduziarische Rückübereignung auf den Verkäufer erforderlich, sondern es müßte bei der letzteren die Übergabe noch in die Form eines Besitzkonstituts gekleidet werden; das ist natürlich für die Bedürfnisse des Verkehrs zu verwickelt. Es ist viel einfacher, wenn der Verkäufer das Eigentum gar nicht erst überträgt, sondern durch Eigentumsvorbehalt bei der Übergabe der Sache zurückhält und nicht eher übergehen läßt, als bis er den Kaufpreis vollständig empfangen hat. So bleibt er in der Zwischenzeit freilich Volleigentümer, nicht nur fiduziarischer Eigentümer. Aber der Vorbehalt des Volleigentums verrichtet hier, wie wir im Laufe dieser Abhandlung sehen werden (vgl.

besonders unten § 12), infolge des Zusammentreffens mit dem Kaufvertrage ganz ähnliche Dienste wie eine fiduziarische Übereignung.

Unser Eigentumsvorbehalt taucht bereits im Anfange des 17. Jahrhunderts auf[1] unter dem Namen eines pactum reservati dominii. Aber wenn er äußerlich auch damals ein ähnliches Institut war wie heutzutage, so war doch seine wirtschaftliche Bedeutung eine ganz andere:[2] er war ein Stück des alten Agrarstaates, während der heutige Eigentumsvorbehalt sich im Industriestaate entwickelt hat. Natürlich konnte bei dieser Wandelung in wirtschaftlicher Hinsicht auch seine rechtliche Natur nicht dieselbe bleiben. Deshalb hat es für uns wenig Zweck, auf den früher geführten Streit über die rechtliche Natur des Eigentumsvorbehalts einzugehen;[3] denn diese Frage muß sich heutzutage ganz anders beantworten als damals. Überdies ist sie, in dem früher streitigen Punkte, bereits durch die moderne Gesetzgebung beantwortet worden und zwar in einer Weise, an deren Richtigkeit niemand mehr zweifelt.

Während der alte Eigentumsvorbehalt hauptsächlich im Liegenschaftsrecht vorkam,[4] ist der heutige in seiner eigentümlichen Gestalt ein Institut des Fahrnisrechts. Er hat sich wie jener aus einem Bedürfnis der Praxis heraus entwickelt: Der alte verdankte ja seine Entstehung vornehmlich dem Umstande, daß das römische Pfandrecht sich im Verkehr nicht bewährte,[5] der neue dagegen der Tatsache, daß die modernen Gesetzgebungen für Mobilien das Faustpfandprinzip angenommen haben[6] und ihr Pfandrecht daher gerade da versagt, wo eine Sicherung am nötigsten zu sein pflegt, nämlich wenn der un-

---

[1] Cohen S. 694.

[2] Cohen S. 716f.

[3] Von Schriftstellern, die den Eigentumsvorbehalt des damaligen gemeinen Rechts behandeln, seien besonders genannt: Gensler, Müller, v. Gehso, Duncker, Hofmann, A. Leonhardt, Thorsch, Leist, Treitschke, Sintenis, — alle a. a. O.; v. Vangerow I, § 311 A. 2; Goldschmidt I, 2 § 81 Note 29; Windscheid-Kipp I, § 172, 7; von Entscheidungen ist die ausführlichste und zugleich interessanteste SeuffA. 25 Nr. 241—243; über die Geschichte des Eigentumsvorbehalts besonders Cohen.

[4] Vgl. Duncker S. 165; Cohen S. 697.

[5] Duncker S. 172; A. Leonhardt S. 222; Cohen S. 701f., 705f., 709 Abs. 2.

[6] Cohen S. 716f.

bemittelte Käufer keine entbehrlichen und zur Verpfändung geeigneten Gegenstände besitzt. Wir begegnen dem Eigentumsvorbehalt am häufigsten im Abzahlungsverkehr. Doch unterliegt er hier in vielen Fällen nicht dem Gesetz betr. die Abzahlungsgeschäfte (vgl. § 8 AbzG.). Daher ist die Form, welche er durch dieses Gesetz erhält, schon praktisch nicht die allein maßgebende; sie ist aber auch nicht seine juristische Normalform. Denn das Gesetz gibt dort dem Eigentumsvorbehalt eine Auslegung, die durchaus nicht stets natürlich und logisch ist, sondern lediglich in sozial-politischen Rücksichten ihren Grund hat. Daher behandeln wir unser Institut im wesentlichen in der Gestalt, in welcher es sich außerhalb des Herrschaftskreises jenes Gesetzes zeigt. Es ist die kompliziertere und daher wissenschaftlich interessantere Form.

Der Eigentumsvorbehalt verlangt übrigens nicht unbedingt Kreditgewährung. Er kommt, namentlich stillschweigend vereinbart, auch bei Zug um Zug-Geschäften vor, so besonders im Marktverkehr, ferner beim Einkauf in Läden, in denen sofortige Zahlung an der Kasse erwartet wird, und schließlich auch beim Geldwechseln.[1] Er füllt hier die Stelle des — heutzutage aufgegebenen[2] — römisch-rechtlichen Satzes aus, daß das Eigentum der übergebenen Kaufsache nur dann auf den Käufer übergeht, wenn der Preis gezahlt oder sichergestellt ist (Inst. II, 1, 41).[3] Die Konstruktion des Eigentumsvorbehalts ist hier genau dieselbe wie im Falle der Kreditierung; nur vereinfacht sich alles wesentlich, da eine Kreditfrist fehlt.[4] Wir werden daher im Folgenden nicht weiter darauf eingehen, sondern lediglich den Eigentumsvorbehalt im Kredithandel betrachten.

---

[1] Dernburg Pand. I § 215, 2, besonders A. 6; Endemann II, 1 § 80 A. 17; Staudinger II, 1, Erl. II, 6 zu § 455; III, Erl. V 2b zu § 929; vgl. Fischer-Henle A. 2 zu § 455.

[2] Vgl. Mot. III S. 336, 6.

[3] Dernburg a. a. O., besonders A. 4, bestritt für das gemeine Recht die allgemeine Anwendbarkeit dieses Satzes (vgl. auch Goldschmidt I, 2 S. 837 ff.) und nahm daher schon damals für jene Fälle stillschweigenden Eigentumsvorbehalt an.

[4] Da die Zahlung sofort fällig ist, so ist die Bedingung, unter der die Übereignung erfolgt (vgl. unten §§ 2 und 5), bereits im nächsten Augenblick ausgefallen, wenn die Zahlung nicht Zug um Zug bewirkt wird.

§ 2

Der Paragraph des Gesetzes.

Das Bürgerliche Gesetzbuch behandelt den Eigentumsvorbehalt in § 455. Es wird dort Folgendes gesagt:

„Hat sich der Verkäufer einer beweglichen Sache das Eigentum bis zur Zahlung des Kaufpreises vorbehalten, so ist im Zweifel anzunehmen, daß die Übertragung des Eigentums unter der aufschiebenden Bedingung vollständiger Zahlung des Kaufpreises erfolgt und daß der Verkäufer zum Rücktritte von dem Vertrage berechtigt ist, wenn der Käufer mit der Zahlung in Verzug kommt."

Das Gesetz bestimmt also, welche Bedeutung eine gewisse Erklärung des Verkäufers im *Zweifel*, d. h. falls sich nicht ein anderer Wille klar aus ihr ergibt, haben soll. Die Vorschrift ist demnach nichts weiter als eine Auslegungsregel. Sie greift nur Platz, wenn die Verkäufer-Erklärung vorliegt und wenn ein abweichender Sinn sich nicht ermitteln läßt.

A. *Die sämtlichen Voraussetzungen der Anwendbarkeit dieses Paragraphen* sind folgende:

1. Es muß ein Kauf abgeschlossen sein und zwar
2. über eine bewegliche Sache;
3. der Kaufpreis darf noch nicht oder wenigstens nicht vollständig bezahlt sein; trotzdem wird
4. die Sache dem Käufer bereits übergeben (davon wird zwar im Gesetz nicht gesprochen; es ist aber selbstverständlich, weil sonst der Verkäufer hier gar nicht in die Lage kommen würde, das Eigentum zu verlieren, und daher den Vorbehalt nicht nötig hätte). Und dabei behält sich
5. der Verkäufer das Eigentum an der Sache bis zur Zahlung des Preises vor, ohne jedoch genauer zu bestimmen, auf welche Weise er seine Rechte gewahrt zu wissen wünscht.

Einige dieser Nummern bedürfen der Erläuterung (wobei wir uns auf die zahlreich in der Literatur und Rechtsprechung aufgetauchten Einzelfragen nicht weiter einlassen wollen):

Zu 1. Das Gesetz spricht zwar nur von einem Eigentumsvorbehalt beim Kauf. Er kommt in der Tat fast ausschließlich hier vor. Es ist aber nicht zu leugnen, daß er auch bei anderen auf Eigentumsübertragung gerichteten Geschäften denkbar ist.[1] Da wir es hier nur mit einer Auslegungsregel zu tun haben, so ist aus der Tatsache, daß lediglich der Fall des Kaufes erwähnt wird, nicht zu entnehmen, daß der Gesetzgeber den Eigentumsvorbehalt für andere Fälle ausschließen und eine entsprechende Anwendung der hier gegebenen Vorschriften nicht zulassen wollte.

Zu 2. Aus dem gleichen Grunde ergibt sich, daß, wenn auch die Rede hier nur von beweglichen Sachen ist, doch eine Vereinbarung, durch welche das Eigentum an einer unbeweglichen Sache vorbehalten wird, damit nicht als unzulässig bezeichnet werden soll. Allerdings ist in einem solchen Falle der typische Vorbehalt des § 455 rechtlich unmöglich, wie wir nachher gleich sehen werden. — Bewegliche Sachen sind ohne Ausnahme für den hier geschilderten Eigentumsvorbehalt geeignet. Es können sogar verbrauchbare Sachen (§ 92 BGB.) sein. Allerdings kann das Eigentum nicht über den Zeitpunkt des Verbrauches (besonders der Verarbeitung) hinaus vorbehalten werden. Trotzdem steht die — aus einer Vereinbarung oder auch nur aus den Umständen sich ergebende — Erlaubnis, die Sache zu verbrauchen, insbesondere zu verarbeiten oder zu veräußern, der Annahme eines ernstlichen Vorbehalts nicht entgegen. Denn regelmäßig wird es dann eine Mengesache (z. B. ein Quantum Mehl) oder eine größere Menge von Sachen sein, an denen das Eigentum vorbehalten ist, und der Verbrauch oder die Veräußerung wird gewöhnlich erst nach und nach erfolgen, so daß der Verkäufer — zumal wenn der Preis in Raten zu zahlen ist — durch den noch übrig bleibenden Vorrat genügend gesichert wird.[2] — Da es ein Eigentum nur an körperlichen Gegenständen gibt, ist auch der Eigentumsvorbehalt nur an solchen möglich, daher an einem Handelsgeschäft oder an einem Warenlager als an einem Inbegriffe undenkbar. Er kann hier aber unter Umständen

[1] Lazarus § 43 S. 46; Duncker S. 68; A. Leonhardt S. 220 f.; Ausführlicheres in den Diss. von Bade (S. 23 ff.), Behrens (S. 8 ff.), Frey (S. 29 f.) und Stern (§ 3 Nr. 4).

[2]) Zum Vorstehenden vgl. besonders OLG. 2 (01) 343[147]e = DJZ. 02, 252 (zum Teil dagegen: Biermann Erl. 1c zu § 950); ferner Staudinger II, 1, Erl. II, 5 zu § 455; III, Erl. 1, d, β zu § 950; Dernburg BGB. II 2, § 171 III, A. 11; Oertmann Erl. 2 zu § 455; OLG. 15 (07), 236 = Recht 07 Nr. 1005; für das Gemeine Recht: Seuff A. 35 Nr. 123.

ausgelegt werden als Eigentumsvorbehalt an einzelnen Sachen.[1] Sein Objekt darf ferner kein wesentlicher Bestandteil einer anderen Sache sein; denn an einem solchen können keine besonderen Rechte bestehen (§ 93 BGB.). Daher verliert der Verkäufer auch das ihm in gültiger Weise vorbehaltene Eigentum, wenn die ursprünglich selbständige Sache nachträglich als wesentlicher Bestandteil mit einem Grundstücke des Käufers verbunden wird. Die sachenrechtlichen Vorschriften über Verbindung, Vermischung und Verarbeitung (§§ 946 ff. BGB.) können nicht durch Parteiwillkür mittels eines Eigentumsvorbehalts in ihrer Wirkung aufgehoben werden. Daher ist eine genaue Begriffsbestimmung des wesentlichen Bestandteils von der allergrößten Bedeutung.[2] Einem Eigentumsvorbehalt an Zubehörstücken steht natürlich nichts im Wege.[3]

Zu 5. In welche Worte die Vorbehaltserklärung gekleidet wird, ist nebensächlich; sie braucht überhaupt nicht in Worte gefaßt zu sein, sie kann sich aus den Umständen ergeben; auf letzteres haben wir ja bereits im vorigen Paragraphen hingewiesen. Bei ausdrücklicher Vereinbarung wird der Verkäufer regelmäßig nur die Worte gebrauchen: er verkaufe „unter Vorbehalt des Eigentumsrechts"; dabei ist gewöhnlich selbstverständlich, daß sich der Vorbehalt bis zur Zahlung des Preises erstrecken soll; denn der Verkäufer soll ja für einen Anspruch gesichert werden, und dies kann, wenn nichts anderes gesagt wird, nur der Anspruch auf den Kaufpreis sein. Die Parteien können ihren Willen aber auch dahin äußern, daß das Eigentum bis zur Befriedigung anderweiter Ansprüche[4] oder auch bis zur völligen Zahlung eines Gesamtpreises[5] vorbehalten sein soll.

---

[1] Vgl. Staub II, Exk. zu § 382 A. 69; OLG. 8 (04) 64[1] = Recht 03 Nr. 174; RG. 67,[385] = JW. 08, 195[9]; Recht 09 Nr. 649—51; Mecklenburger Zeitschr. für Rechtspflege und Rechtswissenschaft 26, 25 (bei Warneyer 7 Nr. 4 zu § 455); LeipzZ. 3, 398.

[2] Es herrscht hier noch großer Streit, besonders darüber, wann man Maschinen als wesentliche Bestandteile der Fabrik zu betrachten habe; über die Literatur vgl. Staudinger I, Erl. 6a, zu § 93; III, Erl. 1, c, α zu § 946; Staub a. a. O., A. 71; Dernburg BGB. III, § 5, A. 22.

[3] Staub a. a. O.; über Eintragung im Grundbuch vgl. Blätter für Rechtspfl. in Thüringen und Anhalt 28, 105 (bei Warneyer 1, Nr. 3 zu § 455).

[4] Unter Beschränkung auf Ansprüche aus demselben Geschäft: Duncker S. 68 und A. Leonhardt S. 221; ohne diese Einschränkung: LeipzZ. 09, 930 = Recht 09 Nr. 2376.

[5] So BayZ. 2 (06), 66; OLG. 15 (07), 236[a]; dahinstellend BayZ. 2 (06),

B. Sind die vom Gesetz geforderten, bzw. an deren Stelle zulässigen, Voraussetzungen des § 455 erfüllt, so soll im Zweifel eine doppelte Wirkung eintreten; die eine Seite dieser Wirkung ist dinglicher Natur:

die Übertragung des Eigentums erfolgt unter der aufschiebenden Bedingung vollständiger Zahlung des Kaufpreises;

die andere obligatorisch:

der Verkäufer ist zum Rücktritt von dem Vertrage berechtigt, wenn der Käufer mit der Zahlung in Verzug kommt.

Mit dieser Bestimmung hat das Bürgerliche Gesetzbuch den im Gemeinen Recht geführten Streit über das Wesen des Eigentumsvorbehalts entschieden und zwar zweifellos im richtigen, der Verkehrsanschauung entsprechenden Sinne. Abgelehnt sind zunächst die Theorien, welche den Kaufvertrag als bedingt betrachteten.[1] Denn wäre er durch die Bewirkung der Zahlung suspensiv bedingt,[2] so würde das bedeuten: der Verkäufer kann auf sie nicht eher klagen, als bis sie von selbst erfolgt; wäre aber der Kauf durch das Ausbleiben der Zahlung resolutiv bedingt,[3] dann hätte es der Käufer in der Hand, den Vertrag, selbst gegen den Willen des Verkäufers, zur Auflösung zu bringen.[4] Auf diese Weise kann natürlich dem Verkäufer keine Sicherheit geschafft werden. Daher legt das Bürgerliche Gesetzbuch, gerade umgekehrt, die Macht zur Auflösung des Vertrages lediglich in die Hände des Verkäufers (wie es dazu kommt, ein Rücktrittsrecht im Zweifel als

---

381; a. M. OLG. 8 (04), 64[1] und Schneider, Recht 08 S. 29f.: beide sind der Ansicht, daß die Zulässigkeit des Eigentumsvorbehalts nach dem Willen des Gesetzgebers auf den in § 455 vorausgesetzten Fall beschränkt sein soll, denn — so führt besonders das Oberlandesgericht dem Sinne nach aus — der Eigentumsvorbehalt hat die Wirkung einer Mobiliarhypothek, stellt also eine Ausnahme von dem Verbote der letzteren dar und kann deshalb nicht verallgemeinert werden. Wir werden nun aber im weiteren Verlaufe der Abhandlung sehen, daß der Eigentumsvorbehalt zwar wirtschaftlich die Mobiliarhypothek ersetzt, hingegen rechtlich ein durchaus selbständiges Sicherungsmittel ist, das an sich mit der Mobiliarhypothek nichts zu tun hat.

[1] Vgl. M t. II S. 319; RG. 7, 150; 9, 169.

[2] So früher Treitschke § 51 S. 187; andere Stellen bei Duncker S. 77.

[3] Auch diese Ansicht ist vertreten worden, vgl. darüber z. B. A. Leonhardt S. 224.

[4] Thorsch S. 15ff.

vereinbart anzunehmen, darüber ausführlich unten § 6 I). Auch die Ansicht, daß der Eigentumsvorbehalt nur den Vorbehalt eines Pfandrechts bedeute,[1] mußte verworfen werden: denn einerseits geht eine derartig freie Auslegung des Parteiwillens denn doch zu weit, und andererseits ist der Pfandrechtsvorbehalt bei dem heute geltenden Faustpfandprinzip (vgl. §§ 1205f. BGB.) überhaupt rechtlich nicht möglich. Das Gesetz ist der Meinung beigetreten, daß der Eigentumsvorbehalt, nach seiner dinglichen Seite, im Zweifel eine Suspensivbedingung der Übereignung darstelle.[2] Es hat damit erstens die Bedenken, welche gegen die Zulassung einer bedingten Übereignung an sich und insbesondere beim Kauf vorgebracht worden sind, als nicht begründet angesehen;[3] und es hat ferner die Ansicht derer nicht geteilt, welche im Zweifel den Eigentumsvorbehalt als resolutive Bedingung der Übereignung aufgefaßt wissen wollten.[4] Früher, wo der Eigentumsvorbehalt hauptsächlich im Liegenschaftsverkehr vorkam, hatte die Resolutivbedingung ihre Berechtigung: der Käufer soll ja nach der Absicht der Parteien während der Kreditfrist den vollen Genuß der Sache wie ein Eigentümer haben, soweit dies mit der Sicherheit des Verkäufers vereinbar ist. Zu einer solchen Rechtsstellung gehören, und gehörten besonders damals, bei Grundstücken viele Befugnisse (z. B. auch öffentliche Rechte), die über das Maß einer bloß gegenüber dem Verkäufer bestehenden tatsächlichen Eigentümerstellung weit hinausgehen. Daher ist es folgerichtig, wenn ihm nicht nur im Innenverhältnis, sondern auch nach außen hin die volle rechtliche Sachherrschaft unter Resolutivbedingung der Nichtzahlung eingeräumt wird. Anders bei beweglichen Sachen, den Objekten des heutigen Eigentumsvorbehalts:

---

[1] So noch SeuffA. 23 Nr. 135 (1868!); ältere Vertreter bei Duncker S. 69 und A. Leonhardt S. 225. Auch einige Partikulargesetze, z. B. das Sächsische Bürgerliche Gesetzbuch (§ 292), gaben, wenigstens in einem Teil der Fälle, diese Auslegung.

[2] So schon früher besonders: Gensler S. 293; Duncker S. 81 und 92; v. Geyso S. 170; v. Vangerow I, § 311 A. 2 S. 570; Goldschmidt I, 2 § 81 Note 29; bei Mobilien Dernburg Pand. I § 215, 3; Thorsch S. 30 (der allerdings nur eine condicio iuris annimmt).

[3] Vgl. darüber Mot. III S. 337ff.; s. auch Duncker S. 70, IIa, S. 73 und S. 76f.; Lazarus § 42; RG. 9, 169; vgl. aber unten § 3.

[4] So früher besonders Müller S. 256; Hofmann S. 255; A. Leonhardt S. 232ff.; Windscheid I § 172, 7.

Hier kommt es dem Käufer regelmäßig nur darauf an, die Sache tatsächlich zu beherrschen, sie zur Produktion verwenden zu können; um sie z. B. zu Kreditzwecken zu gebrauchen, dazu fehlt ihm, infolge der Gestaltung unseres Fahrnispfandrechts, sowieso die Möglichkeit.[1] Es besteht also gar kein Grund, ihn zum Eigentümer zu machen; im Gegenteil, der Verkäufer würde durch Vereinbarung einer auflösenden Bedingung die Sicherungskraft des Eigentumsvorbehalts erheblich mindern (vgl. z. B. unten die Anmerkungen am Schlusse der §§ 5 und 13). Daher liegt sachlich die Auslegung des Vorbehalts als Suspensivbedingung viel näher; außerdem entspricht dies auch dem Wortsinn besser; denn „sich das Eigentum vorbehalten" heißt: es nicht aus der Hand geben, es zurückhalten.

Hat somit das Gesetz der aufschiebend bedingten Übereignung den Vorzug gegeben, so ist doch ein Eigentumsvorbehalt in Gestalt einer auflösend bedingten Übereignung auch heutzutage nicht ausgeschlossen. Denn § 455 will ja, wie gesagt, nur eine Auslegungsregel sein. Es steht den Parteien frei, die Wirkung des Vorbehalts nach ihrem Belieben zu bestimmen: sie können die Übereignung suspensiv oder resolutiv bedingt vornehmen; sie dürfen den Kaufvertrag zu einem bedingten machen; sie können das Rücktrittsrecht des Verkäufers ausschließen; der § 455 läßt ihnen alle überhaupt denkbaren Wege offen[2], soweit sie nicht etwa durch andere Gesetzesvorschriften versperrt sein sollten (vgl. z. B. unten § 7, I, 2).

Nachdem wir gesehen haben, daß das Bürgerliche Gesetzbuch den Eigentumsvorbehalt als Bedingung der Übereignung auslegt, wird jetzt auch klar, warum es hier nur von beweglichen Sachen spricht. Denn das Eigentum an einem Grundstücke kann überhaupt nicht unter einer Bedingung übertragen werden, da die zur Übertragung erforderliche Auflassung durch Hinzufügung einer Bedingung unwirksam wird (§ 925 II BGB.). Wie nun hier der Eigentumsvorbehalt auszulegen ist, sagt uns das Gesetz nicht; er wird hier allerdings äußerst selten vorkommen, da ein Bedürfnis kaum besteht.[3] Trotzdem ist er nicht ungültig, und es fragt sich nur, durch welche Auslegung der von den

---

[1] Zu dem hier Gesagten vgl. Cohen S. 698f. und 723.

[2] Vgl. z. B. Staub II, Exk. zu § 382 A. 68.

[3] Einzelne Fälle bei Cohen S. 717.

Parteien gewollte Erfolg am besten verwirklicht wird. Man wird ihm z. B. folgenden Sinn beilegen können: Der Käufer soll für den Fall, daß er nicht rechtzeitig zahlt, verbunden sein, auf Verlangen des Verkäufers diesem das Eigentum zurückzuübertragen, und es soll für den Verkäufer zur Sicherung dieses Anspruches eine Vormerkung im Grundbuche (§ 883, I, Satz 2 BGB.) eingetragen werden. Auch die Auslegung ist denkbar, daß der Verkäufer zunächst nur zur Übergabe verpflichtet sein soll, zur Auflassung aber erst nach Empfang des Preises. Dagegen dürfte die von Planck (ebenso Oertmann und Goldmann-Lilienthal) vorgeschlagene Deutung, wonach dem Verkäufer eine Hypothek am Grundstücke für den Kaufpreisrest bestellt werden soll, zwar den früheren Partikulargesetzen entsprechen, aber darum doch den Gedanken eines Eigentumsvorbehalts am wenigsten verwirklichen.[1]

Die Rechtsverhältnisse bei dem im Gesetz behandelten Normalfalle des Eigentumsvorbehalts.

1. Hauptabschnitt.

Wesen und Hauptwirkungen des Eigentumsvorbehalts.

A. Die dingliche Seite.

§ 3

a) Die bedingte Übereignung.

Wir behandeln zunächst die dingliche Seite des Eigentumsvorbehalts; denn diese ist das Wesentliche an ihm, das eigentliche Sicherungsmittel, während das Rücktrittsrecht mehr zur Ergänzung dient.

---

[1] Über diese Auslegung vgl. Staub a. a. O. A. 70; Planck II, Erl. 5 zu § 455; Staudinger II, 1, Erl. III zu § 455; III, Erl. B, II, 5a zu § 925; Oertmann Erl. 2 zu § 455; Dernburg BGB. II, 2 § 171 III (vgl. daselbst A. 16 auch über die Auslegung des Eigentumsvorbehalts an einer Quelle); Crome II § 212, 3b a. E.; Fischer-Henle A. 1 zu § 455; Goldmann-Lilienthal § 142 A. 5; Windscheid-Kipp II, S. 659 Abs. 2 (mit einer Abweichung); über Konkurs Jaeger 3. und 4. Aufl., A. 15 zu § 26.

In dinglicher Hinsicht stellt sich der Eigentumsvorbehalt, wie erwähnt, als aufschiebend bedingte Übertragung des Eigentums dar. Die Übereignung einer beweglichen Sache vollzieht sich, gemäß § 929 BGB., durch Übergabe und Einigung, und diese Akte bilden nach der herrschenden Meinung zwei selbständige Erfordernisse. Soll nun der Eigentumsübergang an eine Bedingung geknüpft werden, so tritt diese nicht zu allen beiden Bestandteilen des Verfügungsgeschäftes (eine bedingte Übergabe ist, abgesehen von dem Falle des § 854 II BGB., unmöglich[1]), sondern nur zu der Einigung, dem dinglichen Vertrag, während die Übergabe ohne Bedingung sofort vollzogen wird. Auf diese Weise tritt die tatsächliche Wirkung des Übereignungsaktes, der Übergang der tatsächlichen Gewalt, sofort ein, während die rechtliche Wirkung, der Eigentumsübergang, erst später mit Eintritt der Bedingung ipso iure zustande kommt. Genau so ist es in unserem Falle: Der Käufer erhält den Besitz der Sache sofort, erwirbt aber das Eigentum erst in dem Augenblicke, wo er den Preis vollständig bezahlt. Zugleich wird klar, daß der Eigentumsvorbehalt des vertragsmäßigen Zusammenwirkens der Parteien bedarf: Der dingliche Vertrag wird, anstatt unbedingt, unter einer Bedingung abgeschlossen.

Bedingten Rechtsgeschäften ist eine Schwebezeit eigentümlich, während deren es noch unentschieden ist, ob die Bedingung, mit der an sie geknüpften Wirkung, eintreten wird oder nicht. Da beim Eigentumsvorbehalt die vollständige Preiszahlung zur Bedingung gesetzt ist, so wird die Schwebezeit nur dann von Belang sein, wenn die Zahlung nicht Zug um Zug zu erfolgen hat, sondern erst einige Zeit nach der Übergabe der Sache fällig ist. Wir behandeln deshalb allein diesen letzteren, interessanteren Fall (vgl. oben § 1 am Schluß).

Die Schwebezeit beginnt in dem Zeitpunkte, wo das bedingte Rechtsgeschäft abgeschlossen ist, hier also dann, wenn die unbedingte Übergabe und die bedingte Einigung vollzogen sind, d. h. im Augenblicke der Übergabe unter Eigentumsvorbehalt. Daher hat der Käufer vom Beginne der Schwebezeit an den Besitz der Sache und — wir müssen das schon jetzt vorausnehmen (vgl. genauer unten § 10) — das Recht, die Sache zu gebrauchen; das letztere ist ja selbstverständlich; denn auf Kredit (d. h. obwohl er noch nicht zahlen kann) kauft der

---

[1] Vgl. Planck III, Erl. 5 zu § 929.

Käufer doch nur deshalb, weil er die Sache notwendigerweise sofort haben und namentlich benutzen können muß. Die Leistung des Verkäufers besteht somit vor Eintritt der Bedingung im wesentlichen nur in einer Gestattung des Gebrauches. Der Kaufvertrag äußert also zunächst ganz ähnliche Wirkungen wie ein Gebrauchsüberlassungsvertrag (Miete, Leihe). Das erscheint merkwürdig und könnte uns auf den Gedanken bringen, daß wir es wirklich vorerst nur mit einem solchen Vertrag zu tun haben, daß also die Übergabe und Nutzungseinräumung nicht auf Grund des Kaufes, sondern auf Grund dieses eingeschobenen Vertrages erfolgt, während der Kauf beiderseits erst später (im Zeitpunkte der Fälligkeit des Preises) erfüllt werden soll. Diese Ansicht ist in der Tat geäußert worden, unter anderen von Thorsch.[1] Sie ist aber unrichtig. Denn die Gebrauchsüberlassung hier ist ihrem Wesen nach grundverschieden von derjenigen, welche wir bei Miete und Leihe finden. Dort wird dem Mieter oder Entleiher nur ein größerer oder kleinerer Ausschnitt aus den Befugnissen des Vermieters oder Verleihers bezüglich der Sache gegeben; hier aber soll der Käufer nach dem Willen der Parteien grundsätzlich alles erhalten außer den Befugnissen, deren der Verkäufer zu seiner Sicherung bedarf. Auf diese Weise bekommt der Käufer, abgesehen von der Verfügungsmacht, die volle Eigentümerstellung in seinem Verhältnis zum Verkäufer eingeräumt; er trägt sämtliche Lasten und zieht alle Nutzungen der Sache (genauer unten § 10). Das sieht einem Gebrauchsüberlassungsverhältnis sehr wenig ähnlich. Es ist eben — im wesentlichen — nichts anderes als der eine Teil der Erfüllung des Kaufvertrages selbst: die Einräumung der vollen Sachherrschaft in tatsächlicher Hinsicht, die — vom Gesetz (§ 433 I BGB.) so bezeichnete — „Übergabe". Anders denken es sich auch die Parteien nicht. Für sie ist die Übergabe der Sache zur Benutzung der wichtigste Teil der Erfüllung des Kaufes, weil sie den unmittelbar in die Augen springenden Übergang der Sachherrschaft darstellt. Wegen des grundsätzlichen Unterschiedes zwischen der hier geschehenen Gebrauchseinräumung und derjenigen bei Miete oder Leihe können wir sogar behaupten: Selbst wenn die Parteien beim Kauf den Übergang des Eigentums nicht nur an eine Bedingung geknüpft, sondern zunächst überhaupt ausgeschlossen haben, um ihn

[1] Thorsch S. 21.

später durch besonderes Rechtsgeschäft herbeizuführen, selbst dann können wir, sofern das Gebrauchsrecht des Käufers nicht durch besondere Bestimmungen beschränkt ist, kein anderes Gebrauchsüberlassungsverhältnis hineininterpretieren.[1] Es wäre ebenfalls nur ein Kauf mit einem etwas vom Gesetz abweichend gestalteten Eigentumsvorbehalt. Diese Form wird übrigens kaum vorkommen; denn wenn sie auch in der Theorie einfacher ist, so ist sie es in der Praxis keineswegs: Die Parteien müßten ja dann nach erfolgter Zahlung eine besondere Übereignung, nach § 929 Satz 2 BGB., vornehmen. Daran denken sie aber nicht im entferntesten; denn sie sind stets schon bei der Vereinbarung des Eigentumsvorbehalts vollkommen darüber „einig", daß die Sache dem Käufer gehören soll, sobald er zahlt; die bedingte Einigung ist demnach schon bei der Übergabe vorhanden. — Also die Übergabe unter Eigentumsvorbehalt erfolgt auf Grund des Kaufvertrages. Hinausgeschoben ist nicht die beiderseitige Erfüllung des Kaufes, sondern nur die Fälligkeit der hauptsächlichen Leistung des Käufers, der Zahlung; hingegen soll der Verkäufer verpflichtet sein, den für den Käufer zunächst allein wichtigen Teil seiner Leistung, die Übertragung der tatsächlichen Sachherrschaft, sofort zu bewirken. Wir haben es demnach mit einer Stundung der Zahlungspflicht, mit einer Kreditierung zu tun.[2] Allerdings ist die Kreditgewährung eingeschränkt durch den Eigentumsvorbehalt. Denn die Vorleistungspflicht des Verkäufers erstreckt sich nicht auf Übergabe und (unbedingte) Eigentumsverschaffung, sondern nur auf „Übergabe unter Eigentumsvorbehalt"; was damit im einzelnen gemeint ist, werden wir in den nächsten Paragraphen zu untersuchen haben; es ist ja klar, daß darunter nicht nur die Übergabe der Sache und die bedingte Übertragung des Eigentums zu verstehen ist, sondern auch die weitere Überlassung des Besitzes an den Käufer während einer gewissen Zeitdauer; die Vorleistung hätte wenig Wert für den Käufer, wenn die übergebene Sache jeden Augenblick wieder zurückgefordert werden könnte; vielmehr soll der Käufer gegenüber dem Verkäufer auch ein Recht zum Behalten des Besitzes haben; die genaue Umgrenzung dieses Rechtes ergibt sich aus dem Wesen und Zwecke der Übergabe

---

[1] Ebenso offenbar: Lazarus § 41 S. 43; Düringer-Hachenburg II, Vorbem. zu § 368 Note XII, 2, b$^{\alpha\alpha}$; Crome II § 212 Note 64; a. M. Staub II, Exk. zu § 382 A. 68.

[2] Anders natürlich Thorsch S. 27.

unter Eigentumsvorbehalt; wir werden nachher eingehend davon zu reden haben. — Da der Verkäufer nur beschränkte Vorleistung schuldet, so steht ihm bezüglich des Restes seiner Leistung, d. h. bezüglich der unbedingten Übereignung, bis zur Bewirkung der Zahlung die exceptio non adimpleti contractus (§ 320 BGB.) zu. Dies ist wichtig. Denn indem man es früher übersah, nahm man daran Anstoß, daß bei einem in eine suspensiv bedingte Übereignung gekleideten Eigentumsvorbehalt das Erfüllungsgeschäft bedingt, das Verpflichtungsgeschäft, der Kauf, dagegen unbedingt sei.[1] Es ist allerdings richtig, daß die bedingte Übereignung als Sicherungsmittel wenig Wert hätte, wenn der Verkäufer zur unbedingten Übereignung auch vor Eintritt der Bedingung noch jeden Augenblick gezwungen werden könnte. Aber das kann er selbst bei unbedingtem Kaufe nicht. Er hat die Einrede der Nichterfüllung. Und wenn er sie einmal nicht haben sollte, müßte sie ihm eingeräumt werden; dies ist der Fall, wenn er sich zur Vorleistung bereits schlechthin, also ohne Vereinbarung eines Eigentumsvorbehalts, verpflichtet haben und ihm nicht durch den § 321 BGB., infolge nachträglicher Verschlechterung der Vermögenslage des Käufers, eine Einrede erwächst: Soll jetzt noch ein Eigentumsvorbehalt vereinbart werden, dann genügt es nicht, die Übereignung bedingt vorzunehmen, vielmehr muß auch die unbeschränkt zugestandene Vorleistungspflicht des Verkäufers noch in eine beschränkte verwandelt werden — was natürlich in einem solchen Falle auch ohne weiteres stillschweigend geschieht.

Da sich der Eigentumsvorbehalt als Bedingtheit der Übereignung darstellt, so kann er natürlich nur so lange noch vereinbart werden, als nicht das Eigentum schon unbedingt übergegangen ist; denn die Tatsache, daß der Käufer Eigentümer war, können die Parteien nicht wieder rückwirkend aus der Welt schaffen. Selbstverständlich können sie nachträglich bestimmen, daß in ihrem Verhältnis zueinander dasselbe gelten soll, wie wenn der Vorbehalt rechtzeitig vereinbart worden wäre.[2] Aber eine dingliche Wirkung können sie nur für die Zukunft herbeiführen und nur in der Weise, daß der Käufer ordnungsgemäß das Eigentum auf den Verkäufer zurücküberträgt und zwar unter der

[1] Vgl. bei Duncker S. 75.

[2] JW. 1905, 18f.[14]; Oertmann Erl. 6 zu § 455.

Resolutivbedingung der vollständigen Zahlung des Preises; hierbei kann die Übergabe durch Besitzkonstitut ersetzt werden (§ 930 BGB.), so daß, genau wie im Normalfalle, der Käufer während der Schwebezeit im Besitze der Sache ist.[1] Den Parteien wird natürlich regelmäßig eine dingliche Wirkung erwünscht sein; es ist daher von Bedeutung, festzustellen, ob schon in der bloßen Vereinbarung, daß derselbe Rechtszustand bestehen solle, wie wenn dem Verkäufer das Eigentum vorbehalten wäre, — ob darin schon ein solches Konstitut, d. h. die Vereinbarung eines Rechtsverhältnisses zu erblicken ist, kraft dessen der Verkäufer den mittelbaren Besitz erlangt. Wir können diese Frage natürlich erst dann beantworten, wenn wir untersucht haben, ob der Verkäufer bei einem von vornherein vereinbarten Eigentumsvorbehalt als mittelbarer Besitzer anzusehen ist (s. daher unten § 11). Gänzlich ausgeschlossen ist eine dingliche Wirkung des nachträglichen Eigentumsvorbehalts dann, wenn die Sache inzwischen zum wesentlichen Bestandteil eines Grundstückes des Käufers geworden ist; dann ist nur eine obligatorische Wirkung möglich.[2]

§ 4

b) Das Besitzrecht des Käufers.

Wir haben schon im vorigen Paragraphen darauf hingewiesen, daß dem Käufer nicht nur ein Anspruch auf die sofortige Übergabe der Sache und ihre bedingte Übereignung zusteht, sondern daß er auch berechtigt ist, die übergebene Sache während einer gewissen Zeit zu behalten. Dieses Besitzrecht ergibt sich aus zwei verschiedenen Gründen: einerseits aus dem Kaufvertrag und andererseits aus der Übergabe unter Eigentumsvorbehalt.

A. Das aus der bedingten Übereignung sich ergebende Besitzrecht.

Es liegt in einer Übergabe, welche zum Zwecke aufschiebend bedingter Eigentumsübertragung erfolgt, im Zweifel der Verzicht des

---

[1] Vgl. Staub a. a. O. A. 63.

[2] Beispiel: JW. a. a. O.

Übereignenden, während der Schwebezeit die Sache zurückzufordern.[1] Denn da der Zweck der Übergabe der künftige Eigentumserwerb des Empfängers ist, so erklärt der Übergebende durch sie — falls nicht die Umstände einen anderen Willen erkennen lassen —: Sie soll nicht wieder rückgängig gemacht werden, bevor dieser Zweck erreicht oder vereitelt ist, bevor also das Eigentum auf Grund der bedingten Übereignung infolge Eintritts der Bedingung übergegangen ist oder, wegen Ausfallens der Bedingung, nicht mehr auf Grund eben dieser Übereignung übergehen kann. So erhält der Empfänger ein Besitzrecht, welches durch Eintritt oder Ausfall der Übereignungsbedingung seinerseits resolutiv bedingt ist. Wir müssen nun auch in unserem Falle, da sich aus den Umständen nicht das Gegenteil ergibt, in der Übergabe unter Eigentumsvorbehalt einen solchen Verzicht des Verkäufers auf die Rückforderung[2], anders ausgedrückt: die Einräumung eines solchen Besitzrechtes an den Käufer, erblicken. Jedoch ergibt sich hier „aus den Umständen“ immerhin eine Abweichung: Das vorbehaltene Eigentum und damit auch das aus ihm fließende Rückforderungsrecht soll nach dem Parteiwillen den Verkäufer möglichst vor Verlusten sichern; es kann nun Fälle geben, wo die Wahrscheinlichkeit eines solchen Verlustes die Rückforderung noch vor dem Ablauf der Schwebezeit für den Verkäufer wünschenswert erscheinen läßt (vgl. hierüber unten § 5, II, 3); wir können demnach, wenn wir uns zum Parteiwillen nicht in Widerspruch setzen wollen, einen Verzicht des Verkäufers auf die Ausübung seines Rückforderungsrechts für diese Fälle nicht annehmen. Abgesehen von diesen Ausnahmefällen kann der Käufer während der ganzen Schwebezeit auf Grund des Besitzrechts dem vindizierenden Verkäufer die Herausgabe verweigern (§ 986 I, Satz 1 BGB.), während er in den Ausnahmefällen und nach Ausfall der Bedingung (nach ihrem Eintritt ist er ja Eigentümer und als solcher zum Besitze berechtigt) dieses Schutzes entbehrt.[3]

---

[1] Hölder, BGB. A. 3 zu § 160; Planck I, Erl. 4 zu § 160.

[2] Der Verzicht des Verkäufers ergibt sich natürlich schon aus dem Versprechen, daß er unter Eigentumsvorbehalt übergeben werde, erfolgt also regelmäßig bereits vor der Übergabe, genau so, wie auch die bedingte dingliche Einigung der Parteien sich schon in diesem Zeitpunkte zu vollziehen pflegt.

[3] Auch Dernburg, BGB. I § 154, I, b erkennt diese Einrede generell bei der bedingten Übereignung an, ohne sie näher zu begründen. Staub II, Erk. zu

B. Das durch den Kaufvertrag begründete Besitzrecht.

Der Verkäufer hat dem Käufer auf Grund des Kaufvertrages die Sache zu übergeben, d. h. ihm den Besitz zu verschaffen (§ 433 BGB.). Nach dem Wortlaute des Gesetzes sieht es so aus, als ob dies eine einmalige Leistung wäre, als ob dieser Pflicht mit der Übergabe genügt würde. Dies trifft aber nur dann zu, wenn gleichzeitig auch das Eigentum übergeht. Denn dann wird das sich aus dem Kaufvertrag ergebende, nur obligatorische Besitzrecht sofort durch das bessere, dingliche Besitzrecht abgelöst, dessen Grundlage das Eigentum ist. Erwirbt aber der Käufer, wie in unserem Falle, das Eigentum noch nicht bei der Übergabe, dann bleibt er auch weiterhin lediglich als Käufer zum Besitze berechtigt. Dann aber erkennen wir, daß die Übergabe allein noch nicht die abgeschlossene Erfüllung dieser Besitzüberlassungspflicht darstellt. Der Übereignungspflicht wird zwar mit einem einmaligen Akte, dem der Eigentumsübertragung, genügt; denn nachdem dieser erfolgt ist, kann der Verkäufer das Eigentum nicht wieder einseitig an sich nehmen. Aber den Besitz kann er einseitig wieder ergreifen, wenn er ihn auch bereits eingeräumt hatte. Daraus folgt, daß, wenn die Übergabe dem Eigentumsübergang zeitlich vorangeht, wie beim Eigentumsvorbehalt, die Erfüllung der Besitzeinräumungspflicht nicht in der bloßen Übergabe besteht, sondern in einem dauernden Gewähren der tatsächlichen Sachherrschaft bis zum Zeitpunkte des Eigentumsüberganges. Demnach leistet der Verkäufer während dieser Dauer jeden Augenblick aufs neue.[1] Daher steht ihm auch grundsätzlich für jede dieser Augenblicksleistungen, wenn der Käufer nicht zahlt, die exceptio non adimpleti contractus (§ 320 ff. BGB.) zu, falls er

§ 382, A. 64: „Solange der Käufer den Kaufpreis noch nicht zu zahlen braucht, kann er der Eigentumsklage unter Hinweis auf das Vertragsverhältnis nach § 161 BGB. begegnen." Thiesing S. 244 begründet die Einrede richtig auf eine in der bedingten Übereignung liegende stillschweigende Verpflichtung des Verkäufers zur Überlassung des Besitzes während der Schwebezeit; von der Möglichkeit früherer Rückforderung sagt er nichts.

[1] Dies übersieht offenbar Moser S. 29 Abs. 2; daher erscheint ihm nachher eine replicatio non adimpleti contractus unverständlich, und so gelangt er dazu, den suspensiven Eigentumsvorbehalt als mit den Grundregeln des Kaufes überhaupt unvereinbar zu finden!

selbst nicht zur Vorleistung verbunden ist. Unser Verkäufer hat sich nun hinsichtlich des Besitzes zur Vorleistung verpflichtet, indem er die Sache vor Fälligkeit der Zahlung unter Eigentumsvorbehalt übergab (bzw. zu übergeben versprach; vgl. oben S. 16 Anm. 2). Denn wie wir oben unter A gesehen haben, liegt in dieser Übergabe der Verzicht darauf, während der Schwebezeit der Bedingung — ausgenommen die Fälle eines früheren Sicherungsbedürfnisses — die Sache zurückzufordern; m. a. W.: der Verkäufer hat sich zur Gewährung des Besitzes — abgesehen von den Ausnahmefällen — bis zum Ende der Schwebezeit verpflichtet, d. h. regelmäßig bis zur Fälligkeit der Zahlung (näheres unten § 5, II, 1 und 2); er hat also versprochen, den Besitz, den er auf Grund des Kaufvertrages schuldet, während des angegebenen Zeitraumes vorzuleisten. Hieraus folgt nun, daß ihm die Einrede des nicht erfüllten Vertrages bezüglich der weiteren Besitzüberlassung erst nach Ablauf der Schwebezeit, d. h. regelmäßig bei Ausfall der Bedingung, bzw. beim Eintritt eines solchen Ausnahmefalles zusteht.[1]

[1] Daß in diesen Ausnahmefällen, und unter Umständen auch bei Ablauf der Schwebezeit, die Fälligkeit der Zahlung noch nicht eingetreten ist (vgl. unten § 5, II, 2 und 3), ändert an der Zulässigkeit der **exceptio non adimpleti contractus** nichts; denn die Anwendbarkeit des § 320 wird nicht dadurch ausgeschlossen, daß die klagende Partei noch nicht zur Leistung verpflichtet ist, sondern dadurch, daß der grundsätzliche Zusammenhang zwischen Leistung und Gegenleistung aufgehoben ist, d. h. daß der Beklagte vorleisten soll. Man könnte nun meinen, daß, wenn die Fälligkeit der Zahlung, wie hier, lediglich zum Zwecke der Kreditierung hinausgeschoben ist, darin notwendigerweise auch die Vereinbarung enthalten sei, daß der Verkäufer bis zum Zeitpunkte der Fälligkeit der Käuferschuld vorzuleisten habe. Denn Kreditierung liegt ja nur dann vor, wenn die Fälligkeit der Leistung nur einer Partei auf einen späteren Zeitpunkt verlegt wird, nicht aber, wenn die beiderseitige Erfüllung hinausgeschoben wird. Hierauf ist zu sagen: Es ist zwar richtig, daß auch bei uns der Aufschub der Zahlungspflicht, im Grunde genommen, nicht ein Hinausschieben der beiderseitigen Erfüllung ist und daß auch hier die Vorleistungspflicht des Verkäufers hinsichtlich des Besitzes eigentlich bis zur Fälligkeit der Zahlung dauern soll; aber dies gilt nicht schlechthin; denn der Verkäufer hat ja auch nicht schlechthin Kredit gewährt, sondern unter Eigentumsvorbehalt; die Kreditierung wird durch den Eigentumsvorbehalt eingeschränkt, zunächst schon in der Hinsicht, daß der Verkäufer nur den Besitz, nicht auch das Eigentum vorzuleisten hat; aber auch insofern liegt eine Einschränkung vor, als der Besitz nicht ohne Ausnahme bis zum Zahlungstermin vorgeleistet werden soll, sondern dieser Zeitpunkt nur die für den Normalfall ins Auge gefaßte Grenze bildet, daß die Vorleistungspflicht aber unter Umständen auch vorher endigen kann. Die Eigentümlichkeit dieser Beschrän-

Daher kann sich der Käufer regelmäßig während der ganzen Schwebezeit, ohne daß ihm der Verkäufer die replicatio non adimpleti contractus entgegenhalten könnte, gegenüber dem Herausgabeanspruch des Verkäufers darauf berufen, daß ihm dieser auf Grund des Kaufvertrages den Besitz zu gewähren habe (§ 986 I, Satz 1 BGB.).[1] Sobald jedoch die Schwebezeit abgelaufen bzw. die Geltendmachung des Eigentumsvorbehalts schon vorher erforderlich geworden ist, kann der Verkäufer wegen nicht erfüllten Vertrages replizieren; dann heben exceptio und replicatio einander auf, so daß sein Herausgabeanspruch zur vollen Geltung kommt. Während also die unter A geschilderte Einrede, die der Käufer auf Grund der bedingten Übereignung hat, ihm bei Ausfall der Bedingung oder bei einem vorher eintretenden Sicherungsbedürfnis des Verkäufers überhaupt nicht mehr zusteht, bleibt ihm die Einrede, die ihm auf Grund des Kaufvertrages gewährt wird, zwar erhalten, kann aber durch die replicatio aus dem Felde geschlagen werden; m. a. W.: das Besitzrecht auf Grund des Kaufvertrages geht nicht schon durch bloßen Ausfall der Bedingung oder das Notwendigwerden der Sicherung unter[2], sondern erst dann, wenn der Verkäufer die weitere Besitzüberlassung kraft seines Exzeptionsrechtes verweigert (über eine Ausnahme s. unten § 13, II, B, 2, a).

---

kung der Kreditierung durch den Eigentumsvorbehalt besteht darin, daß nicht etwa die Fälligkeit der Zahlung unter Umständen früher eintritt, sondern daß lediglich die Pflicht des Verkäufers zur Vorleistung in diesen Fällen früher aufhört, damit er ungehindert von dem vorbehaltenen Eigentum Gebrauch machen kann. Der Eigentumsvorbehalt soll ja in erster Linie nur dazu dienen, daß dem Verkäufer seine vorzeitig bewirkte Leistung nicht endgültig aus der Hand genommen ist, daß er sie vielmehr bei drohendem Verlust, ohne vom Kaufvertrag abzugehen, in der Hauptsache wieder zurückziehen kann. Hingegen soll selbst im Falle eines Sicherungsbedürfnisses dem Käufer nicht zugemutet werden, vor dem festgesetzten Fälligkeitszeitpunkte zu zahlen.

[1] Vgl. generell: Planck III, Erl. 1a zu § 986; Windscheid-Kipp I, § 197 Nr. 1 zu BGB.

[2] Daher ungenau Planck II, Erl. 2 zu § 455 und Staudinger III, Erl. III, 2, b zu § 868. Aus dem gleichen Grunde ist es falsch, wenn Behrens S. 46, Loepert S. 43, Frey S. 52f. und Stern S. 37 den Käufer hinsichtlich des Ersatzes der Nutzungen und Schäden vom Ausfall der Bedingung an wie einen bösgläubigen Besitzer (§ 990 BGB.) behandeln.

Wir haben also gesehen, daß sich das Besitzrecht des Käufers auf zwei durchaus verschiedenen Gründen aufbaut. Diese werden nur dadurch miteinander verbunden, daß der Verkäufer, indem er sich durch die bedingte Übereignung zur weiteren Besitzüberlassung verpflichtet, gleichzeitig für dieselbe Zeitdauer hinsichtlich der aus dem Kaufe herrührenden Besitzgewährungspflicht Vorleistung verspricht und sich so, gegenüber der Einrede aus dem Kaufe, der replicatio beraubt.

Ich habe mich in meiner Darstellung bemüht, die beiden Besitzrechte scharf auseinander zu halten. In der bisherigen Literatur scheint mir dies wenig glücklich durchgeführt worden zu sein. Daß jene Schriftsteller den Eigentumsvorbehalt meist vom gemeinrechtlichen Standpunkte aus behandeln, ändert an der Sache nichts. Denn auch dort hat der Käufer, dem die Sache unter Suspensivbedingung übereignet worden ist, ganz die entsprechenden Einreden:

a) auf Grund des Kaufes: Zwar ist für das reine römische Recht bestritten, ob gegenüber der rei vindicatio eine Einrede aus einem Kontraktsverhältnisse möglich war; aber für das Gemeine Recht ist sie als zulässig anerkannt.[1] Es fragt sich, auf welche von den Pflichten des Verkäufers man das Besitzrecht des Käufers gründen soll, ob auf die Pflicht zur Lieferung, d. h. Übergabe der Ware, oder auf die Pflicht zur Gewährleistung des rem habere licere. Das letztere zu tun scheint mir nicht richtig. Denn die Eviktionshaftung bedeutet die Pflicht, für mangelhafte Rechtsverschaffung einzustehen. In unserem Falle wird nun das Recht, das Eigentum, dem Verkäufer vertragsmäßig vorbehalten; der Käufer ist also mit der mangelhaften Rechtsverschaffung einverstanden; macht jetzt der Verkäufer von dem vorbehaltenen Rechte Gebrauch, indem er die Sache zurückfordert, so kann demnach der Käufer aus der Gewährleistungspflicht eine Einrede nicht herleiten. Wir müssen das Besitzrecht vielmehr, wie für das heutige, so auch für das Gemeine Recht, auf die Lieferungspflicht des Verkäufers gründen: denn wenn er dem Käufer die Sache zu übergeben hat, so schließt das ein, daß er sie ihm auch lassen muß.

b) Auf Grund der Übergabe zum Zwecke der bedingten Übereignung steht dem Käufer jene exceptio doli zu, die wir in

[1] Vgl. Dernburg, Pand. I § 227, zu A. 3; Windscheid-Kipp I § 197 A. 2.

der Stelle D. 23, 3, 7, 3 a. E. finden. Die Pandektisten gaben sie verallgemeinernd dem Besitzer, dem die Sache auf Grund suspensiv bedingter Eigentumsübertragung übergeben war, für die Zeit des Schwebens der Bedingung.[1] Ihr Grund ist — genau wie nach BGB. — ein im Zweifel anzunehmender Verzicht des Übereignenden, die Sache während der Schwebezeit zurückzufordern.[2,3]

---

[1] Vgl. Arndts S. 312; Brinz I § 169 A. 17; Dernburg, Pand. I § 227, 1; Hölder, Pand. § 50 S. 262 Note 3; Puchta S. 255; v. Vangerow I § 334 A. 3b; Windscheid-Kipp I § 197 A. 6.

[2] Vgl. Hölder a. a. O.

[3] R. Leonhard S. 195f. hält die Einrede nur dann für zulässig, wenn der Verfügende die Übergabe vornimmt „zu einer Zeit, in der er zur Eigentumsübertragung erst bedingt verpflichtet ist". Nach dieser Ansicht wäre sie also in unserem Falle unanwendbar; denn der Kauf, das Verpflichtungsgeschäft, wird ja durch den Eigentumsvorbehalt zu einem bedingten gerade nicht gemacht (vgl. oben § 2 B). So folgert tatsächlich Wanjura S. 15. Nun sind aber die Gründe Leonhards wohl kaum stichhaltig. Er gibt als Rechtfertigung der Einrede an: weil der Verfügende erst bedingt verpflichtet sei, so müsse man in seiner vorzeitigen Übergabe die vorläufige Einräumung von einer „Art Gebrauchsrecht oder Retentionsrecht behufs Sicherung des späteren Eigentumserwerbes" erblicken. Es trifft aber bei der bedingten Übereignung durchaus nicht immer zu, daß der Verfügende dem Erwerber durch die Übergabe ein Gebrauchsrecht für die Schwebezeit verschaffen will; vielleicht ist aus gewissen Gründen ein Gebrauch der Sache noch gar nicht möglich, vielleicht wird er dem Erwerber vom Übergebenden sogar untersagt; trotzdem will der Veräußerer, etwa aus Anlaß irgendeiner festlichen Gelegenheit, schon jetzt die bedingte Übereignung unter Übergabe der Sache vornehmen. Auch ein Retentionsrecht behufs Sicherung wird er ihm nur selten einräumen wollen: er selbst denkt doch fast nie gleich bei der Übergabe daran, die Sache während der Schwebezeit wieder zurückzufordern; und auch dem Erwerber wird es z. B. bei einer bedingten Schenkung doch kaum einfallen, sich eine solche Sicherheit einräumen zu lassen. In all diesen Fällen würde also Leonhard dem Besitzer, dem die Sache zwecks bedingter Übereignung eingeräumt worden ist, keine Einrede gegenüber der rei vindicatio des Veräußerers zugestehen. Und doch ist es auch in diesen Fällen, wo wir also das Zugeständnis eines Gebrauchs- oder Sicherungs-Retentionsrechtes nicht annehmen können, naheliegend, gerade aus dem Zwecke der Übergabe, nämlich dem der bedingten Übereignung, auf einen Verzicht des Veräußerers auf die rei vindicatio zu schließen. Deshalb werden wohl auch die Römer die exceptio aus diesem Grunde gegeben haben; darauf deutet sogar der Wortlaut der Digestenstelle: „doti enim destinata non debebunt vindicari"; die Worte „doti destinata" sind durchaus keine überflüssige Wiederholung, sie enthalten vielmehr den Grund dafür, weshalb nicht vindiziert werden soll, nämlich: weil die Sachen bestimmt sind, Dotalgegenstände zu werden, und weil dieser Zweck noch nicht erreicht ist. Also der Zweck

Nach dem Ausfall der Bedingung bzw. bei schon früher eintretender Gefährdung des Verkäufers gilt von den beiden Einreden des Käufers dasselbe wie im heutigen Recht: Die aus der Übergabe sich ergebende Einrede steht dem Käufer ipso iure nicht mehr zu, die auf den Kauf gegründete kann durch eine replicatio non adimpleti contractus aufgehoben werden. —

Wenn wir nun in der bisherigen Literatur über den Eigentumsvorbehalt nach den Einreden suchen, mit denen der Käufer dem vindizierenden Verkäufer entgegentreten kann, so lesen wir regelmäßig: er habe die exceptio rei venditae et traditae;[1] ferner wird auch gesagt: er könne die Herausgabe verweigern, da der Verkäufer verpflichtet sei, dafür einzustehen, ut habere rem ei liceat.[2] In letzterem haben wir die oben unter a) bereits als richtig anerkannte Einrede auf Grund des Kaufes, wenn man auch darüber streiten kann, ob sie sich aus der Eviktionshaftung ergibt (vgl. oben a).

Die exceptio rei venditae et traditae ist, von streitigen Ausnahmefällen (vgl. bes. D. 21, 3, 1, 5) abgesehen, eine Einrede auf Grund der Tradition, wie die oben unter b) aufgeführte exceptio doli. Es besteht zwischen den beiden letzteren auch eine gewisse Verwandtschaft: In beiden Fällen wird die Sache zum Zwecke der Eigentumsübertragung übergeben, ohne daß infolgedessen der Empfänger sofort zum Eigentümer würde; aber der Geber spricht hier wie dort durch die Übergabe den Willen aus, daß er die Sache nicht (bei der bedingten Übereignung nur: während der Schwebezeit nicht) zurückfordern wolle. Dieser gemeinsame Gedanke ist der Grund beider Einreden. Man betrachtet wegen dieser Ähnlichkeit unsere exceptio doli (D. 23, 3, 7, 3) vielfach als eine exceptio venditae et traditae, bzw.

der Übergabe ist der Grund dafür, daß wir einen Verzicht auf die rei vindicatio annehmen müssen — genau wie im heutigen Recht (vgl. oben A). Begründen wir die exceptio auf diese Weise, dann steht ihr auch das Vorhandensein einer unbedingten Leistungspflicht nicht entgegen; denn das Zugeständnis des Besitzrechts ist dann nicht, wie nach Leonhard, dem Motiv entsprungen, dem Erwerber etwas zu gewähren, was er noch nicht hat, sondern es ist eine sich aus dem Zwecke der Hingabe ergebende Selbstverständlichkeit, die nur aus besonderen Gründen nicht angenommen werden könnte.

[1] So: Duncker S. 161f.; A. Leonhardt S. 261; Loepert S. 37 A. 2; Wanjura S. 14f.; Pudor S. 30.

[2] So: v. Geyso S. 174; Bade S. 60; Behrens S. 45; Loepert S. 41.

wo es sich nicht um einen Kauf handelt, als eine ihr analoge exceptio in factum.[1] Ich möchte dieser Auffassung nicht beitreten. Denn die exceptio rei venditae et traditae dient dazu, prätorisches Eigentum zu schaffen; wem jedoch das Eigentum erst unter einer Bedingung übertragen ist, der kann zwar für seine Person gegenüber dem Veräußerer Schutz beanspruchen, aber die Sondernachfolger dürften kaum geschützt sein. Es würde zu weit führen, diese Frage eingehend zu erörtern. Jedenfalls besteht, wie gesagt, zwischen dem Falle der exceptio rei venditae et traditae und dem der Übergabe zum Zwecke bedingter Übereignung eine Verwandtschaft. Und diese allein ist offenbar für jene Schriftsteller maßgebend gewesen, welche unserem Käufer die exceptio rei venditae et traditae gewährt haben. Ob wirklich alle Voraussetzungen dieser exceptio vorhanden sind, wird von ihnen nicht weiter untersucht; so sagt Duncker (S. 161), dem ja die meisten folgen: „Wer eine Sache verkauft und übergeben hat, kann, wenn er dieselbe zurückfordert, mit der exceptio rei venditae et traditae zurückgewiesen werden." Er vergißt also, die dritte Voraussetzung der Einrede zu erwähnen, nämlich: daß der Eigentumserwerb trotz Übergabe nicht sofort erfolgt, und läßt daher auch unerörtert, warum er nicht erfolgt. Er übersieht deshalb, daß zwischen unserem Falle und dem Normalfalle der exceptio rei venditae et traditae, den er meint (wo nämlich der Nichteigentümer tradiert), ein großer Unterschied besteht: der tradierende Nichteigentümer erklärt, daß er den sofortigen Eigentumsübergang wolle, aber dieser kann nicht eintreten aus gesetzlichen Gründen; in unserem Falle kann er zwar sofort eintreten, aber der Verkäufer erklärt, daß er es nicht wolle. Wanjura (S. 14f.) ist der einzige, der die Anwendbarkeit der exceptio rei venditae et traditae genauer begründet. Er hält, irregeleitet durch R. Leonhard, den Fall der Stelle D. 23, 3, 7, 3 a. E. nicht für gegeben (vgl. oben S. 21 Anm. 3). Der Käufer habe jedoch die exceptio rei venditae et traditae, da auch in unserem Falle der dieser exceptio zugrunde liegende Gedanke zu verwenden sei, „daß (so zitiert er nach R. Leonhard) niemand die von ihm versprochene Veräußerung hinfällig machen kann". Hier scheinen mir mehrere Irrtümer mit unterzulaufen:

[1] So Arndts, Brinz, Puchta, v. Vangerow, Windscheid-Kipp a. a. O.; a. M. besonders R. Leonhard a. a. O.

1. kann der exceptio rei venditae et traditae dieser Gedanke deshalb nicht unterliegen, weil die Veräußerung dort an sich nicht rechtsgültig erfolgt ist, also auch nicht hinfällig gemacht werden kann;

2. wird zwar sowohl im Gemeinen[1] als auch im heutigen Recht[2] der Grundsatz anerkannt: Wer unter einer Bedingung verfügt hat, ist während der Schwebezeit verpflichtet, alles zu unterlassen, was die Wirkung seiner Verfügung hinfällig machen kann; aber weder das Bürgerliche Gesetzbuch[2] noch das römische Recht geben dem bedingt Berechtigten die Möglichkeit, einen Anspruch auf Nichtvereitelung durch Klage oder Einrede unmittelbar geltend zu machen;

3. ist für die exceptio rei venditae et traditae das „Versprochensein", d. h. das obligatorische Geschäft als solches, überhaupt unwesentlich; es kommt nur insofern in Betracht, als es die causa ist, durch welche die den Grund der exceptio bildende traditio als Eigentumsübertragung charakterisiert wird.[4]

Der unter 3. gerügte Fehler Wanjuras, die exceptio rei venditae nicht nur auf die Tradition, sondern auch auf den Kaufvertrag als solchen mit zu gründen, findet sich auch bei den übrigen Schriftstellern (außer A. Leonhardt), welche unserem Käufer diese exceptio gewähren. Loepert S. 37 gibt diese exceptio ausdrücklich deshalb, weil der Verkäufer „auf Grund des Kaufvertrags dafür zu sorgen habe, daß der Käufer die Sache behalten dürfe". Er betrachtet also die exceptio rei venditae et traditae und die Einrede aus dem Kaufvertrage (s. oben a) als identisch. Wenn dies auch nicht alle mit gleicher Deutlichkeit sagen, so ziehen sie doch aus dieser Vermengung der beiden Einreden die gleiche Folgerung: sie halten eine exceptio rei venditae et traditae auch noch nach Ausfall der Bedingung für möglich, denn — der Kaufvertrag, auf dem sie beruht, besteht ja noch! Da aber dieses Ergebnis den Eigentumsvorbehalt wertlos machen würde, so stellen sie der exceptio eine replicatio doli bzw.

---

[1] Vgl. Windscheid-Kipp I § 89 zu A. 3.

[2] Vgl. Hölder BGB. Erl. 1 zu § 160.

[3] Vgl. Staudinger I A. 7 zu § 160.

[4] Vgl. bes. Huschke S. 339 und 343, und Sohm, Institutionen S. 397 A. 14; auch Windscheid-Kipp I § 197, 3; ferner D. 41, 2, 5 und dazu Dernburg, Pand. I § 216 A. 4.

non adimpleti contractus gegenüber[1] des Inhalts (Dunckers Worte): „berufst Du Dich auf einen Kauf, so erfülle auch Deine Verbindlichkeiten als Käufer.“ Nun haben wir aber oben (S. 24, unter 3) festgestellt, daß die exceptio rei venditae et traditae eine Berufung auf die obligatorische Seite der vorangegangenen causa traditionis überhaupt nicht ist. Demnach kann sie durch eine replicatio, mit dem Hinweis auf die Nichterfüllung der Obligation seitens des Beklagten, auch gar nicht entkräftet werden! Wanjura (S. 16f.), der zwar auch, wie gesagt, das Verpflichtungsgeschäft zur Grundlage seiner exceptio rei venditae et traditae macht, legt dennoch das Hauptgewicht auf die Tradition; da nun durch Ausfall der Bedingung die Tradition hinfällig wird, so gewährt er diese Einrede richtiger Weise nachher überhaupt nicht mehr und kann eine replicatio für überflüssig erklären. Freilich duldet auch bei ihm jene janushäuptige exceptio rei venditae et traditae keine reine Kaufeinrede mehr neben sich.

So ist m. E. die bisherige Literatur hinsichtlich der Einreden des Käufers nicht frei von Widersprüchen, die sich aber, wie ich glaube, durch genaue Begründung und klare Scheidung der beiden Einreden vermeiden lassen.

§ 5

c) Die Dauer der Besitzberechtigung des Käufers, insbesondere der Ausfall der Bedingung.

I.

Die Frage, wann das soeben besprochene Besitzrecht des Käufers endigt, ist nicht ganz leicht zu entscheiden und hat daher auch verschiedene Beantwortung gefunden.

Es ist natürlich klar, daß es dann aufhört, wenn der Käufer volle Zahlung leistet.[2] Denn einerseits tritt damit die Bedingung der Übereignung ein, und die Schwebezeit, für welche ja das auf der Über-

---

[1] So: Duncker S. 162; Loepert S. 41, vgl. S. 37 A. 2; Pudor S. 30f.

[2] bzw., bei Annahmeverzug des Gläubigers, den Kaufpreis unter Ausschluß der Rücknahme hinterlegt (§§ 372, 376 II, 378 BGB.); Oertmann, Erl. 4 zu § 455.

gabe unter Eigentumsvorbehalt beruhende Besitzrecht begründet wurde, ist verstrichen. Andererseits ist der Kaufvertrag von beiden Parteien erfüllt: denn mit Eintritt der Bedingung ist das Eigentum auf den Käufer übergegangen; daher ist auch das auf den Kauf gegründete Besitzrecht nicht mehr vorhanden.

Aber dieser Fall interessiert uns wenig. Denn da der Käufer jetzt Eigentümer geworden ist, so hat er damit an Stelle des früheren, nur gegenüber dem Verkäufer bestehenden Besitzrechts ein viel besseres, ein dingliches Recht auf den Besitz der Sache erlangt. Daher kann er sie jetzt natürlich erst recht behalten. Für uns aber sind gerade die Fälle von Wichtigkeit, in denen das obligatorische Besitzrecht nicht durch ein anderes abgelöst wird, m. a. W. diejenigen Fälle, wo der Verkäufer die ihm durch den Eigentumsvorbehalt gewährleistete Sicherheit realisieren, wo er die Sache zurückfordern kann, ohne daß er durch wirksame Einreden des Gegners daran gehindert wird.

In erster Linie kommt hier der Ausfall der Bedingung in Betracht. Denn mit ihm spätestens endigt das für die Schwebezeit begründete Besitzrecht, welches der Käufer auf Grund der bedingten Übereignung hatte, während das aus dem Kaufvertrag herrührende Besitzrecht nunmehr seitens des Verkäufers durch die Replik der Nichterfüllung beseitigt werden kann (vgl. oben § 4 B).

Wann eine Bedingung im Prinzip als ausgefallen zu betrachten ist, darüber herrscht kein Streit: Es muß feststehen, daß der Tatbestand, an den sich die Rechtswirkung knüpfen soll, sich nicht verwirklicht hat und sich nicht mehr verwirklichen kann.[1] Wann dies aber beim Eigentumsvorbehalt der Fall ist, d. h. wann es sich entschieden hat, daß die Zahlung nicht mehr erfolgen wird, darüber ist man durchaus nicht immer derselben Meinung gewesen.

Man sagte früher gewöhnlich, die Bedingung könne erst dann als ausgefallen gelten, wenn der Käufer zahlungsunfähig, insbesondere wenn der Konkurs über sein Vermögen eröffnet sei. Eine Ausnahme ließ man höchstens dann zu, wenn für die Berichtigung des Kaufpreises eine Zeitbestimmung getroffen sei: Dann sei der Ausfall schon bei nicht rechtzeitiger Zahlung gegeben.[2] Man sah aber allmählich ein,

[1] Staudinger I, Erl. 4 zu § 158.

[2] Vgl. Müller S. 259 (einen Eigentumsvorbehalt mit Zeitbestimmung bezeichnet er überhaupt als lex commissoria, S. 256f.); A. Leonhardt S. 245f.,

daß man dadurch den Zeitpunkt für die Geltendmachung des Eigentumsvorbehalts zu weit hinausgeschoben hatte. Daher suchte man auf verschiedene Weise Abhilfe zu schaffen; entweder fand man sich mit dem allgemeinen Satze ab: Der Eigentumsvorbehalt könne unter Umständen auch schon vor dem Ausfalle der Bedingung geltend gemacht werden, wenn dies durch Gefährdung der Sicherheit des Verkäufers erforderlich geworden sei;[1] oder man fing an, sei's für einzelne Fälle, sei's schlechthin, den Ausfall der Bedingung selbst, auch bei unbestimmtem Zahlungstermin, auf einen früheren Zeitpunkt als den der Insolvenz zu verlegen.[2] Und heute ist man schließlich allgemein von der früheren Ansicht abgekommen und hat den Satz aufgestellt: **Die Bedingung fällt stets dann aus, wenn die Zahlung nicht zur rechten Zeit vollständig bewirkt wird, mag sich der Zahlungstermin aus einer ausdrücklichen Festsetzung der Parteien oder auch nur aus den Umständen ergeben.**[3]

Auch wir müssen der letzteren Ansicht beipflichten und werden ihre Richtigkeit nunmehr zu beweisen haben. Daneben aber glaube ich, der hier erwähnten Anregung Beachtung schenken zu müssen, daß **der Verkäufer die Sache bei Gefährdung seiner Sicherheit unter Umständen sogar schon vor dem Ausfalle der Bedingung (genauer: dem Ablauf der Schwebezeit) zurückfordern könne**; in dieser Allgemeinheit ist der Gedanke natürlich nicht gut zu gebrauchen; wir wollen daher später versuchen, die Fälle seiner Anwendbarkeit genauer festzulegen (unten II, 3).

257; SeuffA. 2 Nr. 10; 25 Nr. 242 S. 1035, 3 mit Nr. 243 S. 1036 rechts Abs. 2 und 3, S. 1037 links Abs. 3 (die Seitenzahlen bezeichnen die Seiten des 5. Bandes des neueren Abdrucks = Bd. 21—25 des ersten Abdrucks); RG. 7, 151 (vgl. allerdings 9, 169 und dazu Leist S. 53f.); ebenso die Dissertationen von Bade (S. 54ff.), Behrens (S. 34), Loepert (S. 31ff. und S. 52), grundsätzlich auch Frey (S. 34 unten).

[1] So Bade S. 56; noch unbestimmter Loepert S. 33.

[2] So Bumke S. 26; Behrens S. 34f.; Leist S. 54; Thiesing S. 244.

[3] So früher schon Duncker S. 88f. (vgl. S. 84ff.) und S. 98. Heutige Vertreter: Dernburg BGB. II, 2 § 171 III S. 19; Crome II § 212, zu Note 66; Staub II Erl. zu § 382 A. 63; Geißler S. 521; vgl. auch Oertmann Erl. 1 und 4 zu § 455; Dissertationen: Pudor S. 30f.; Stern S. 25.

II.

1. Die bisher vertretene Meinung, daß mit dem Eintritte der Zahlungsunfähigkeit des Käufers die Bedingung ausgefallen sei, ist deshalb nicht haltbar, weil auch dann keineswegs ausgeschlossen ist, daß die Zahlung noch erfolgt. Man braucht durchaus nicht nur daran zu denken, daß der Käufer selbst vielleicht noch die nötigen Mittel erwirbt; es kann ja auch ein Dritter für ihn zahlen (§ 267 BGB.); dieser Fall wird besonders dann praktisch, wenn ein anderer Gläubiger des Käufers für diesen den Kaufpreisrest erlegt, um den Käufer zum Eigentümer der Sache zu machen und sich selbst dann aus dieser für seine Forderung zu befriedigen. Natürlich ist nicht zu leugnen, daß mit dem Eintritte der Zahlungsunfähigkeit des Käufers sich die Aussichten des Verkäufers gewöhnlich verschlechtern; daher werden auch wir ihm in der Regel dann die Möglichkeit geben, die Sache zurückzufordern, aber nicht etwa, weil wir in dem Eintritte der Insolvenz den Ausfall der Bedingung erblickten, sondern aus anderen Gründen (Genaueres s. unten 3).

Auch der Konkurs des Käufers als solcher bedeutet nicht den Ausfall der Bedingung. Denn nach § 17 KO. kann ja der Konkursverwalter den Vertrag an Stelle des Käufers erfüllen. (Näheres s. unten § 13 II B.)

Wir brauchen also durchaus nicht nur „mit entfernten Möglichkeiten zu rechnen“,[1] um zu der Erkenntnis zu gelangen, daß Zahlungsunfähigkeit und Konkurs an sich die Zahlung nicht unmöglich machen. Überdies kommt es für die Frage nach dem Ausfall der Bedingung auf absolute Unmöglichkeit an, nicht nur auf eine Unmöglichkeit, die man im Verkehr als solche zu betrachten pflegt. Man könnte hierauf entgegnen, daß auf diese Weise die Schwebezeit ja hier nie ein Ende nehmen würde. Darauf ist zu antworten: Dann haben wir eben die Bedingung falsch gefaßt! Wir dürfen nicht sagen: „Der Käufer soll Eigentümer werden unter der Bedingung, daß er überhaupt einmal den Preis bezahlt“, vielmehr muß es heißen: „daß er den Preis zur rechten Zeit bezahlt“. Dies wird zwar von den Parteien nicht besonders hervorgehoben. Es ist aber selbstverständlich, daß sie unter „Zahlung“ die „rechtzeitige Zahlung“ verstehen. Der Eigentumsvor-

[1] Wie Behrens S. 34 meint.

behalt soll ja den Verkäufer für die Preisforderung sichern; wie nun auch andere Sicherungsmittel, besonders das Pfandrecht, nicht erst bei Zahlungsunfähigkeit, sondern schon dann realisiert werden können, wenn der Schuldner nicht rechtzeitig seiner Verpflichtung nachkommt (vgl. § 1228 II BGB.), so muß auch unser Verkäufer stets schon in diesem Augenblicke von dem vorbehaltenen Eigentum Gebrauch machen können. Da es für den Ausfall einer Bedingung lediglich darauf ankommt, ob das betreffende Ereignis noch möglich ist oder nicht, während die Gründe der Unmöglichkeit keine Rolle spielen, so ist hier kein Verzug des Käufers erforderlich,[1] sondern nur objektive Nichterfüllung.[2] Der Ausfall der Bedingung wird natürlich häufig mit dem Verzuge zusammenfallen; aber notwendig ist das nicht. Der Käufer braucht auch nicht mit der vollen Preiszahlung im Rückstande zu sein; es genügt, daß eine einzige Rate zur Zeit ihrer Fälligkeit ausbleibt.[3]

Da wir festgestellt haben, daß Zahlungsunfähigkeit und Konkurs die Zahlung schlechthin nicht unmöglich machen, so bedeutet ihr Eintritt vor dem Zahlungstermin auch nicht ein Unmöglichwerden der rechtzeitigen Zahlung. Es gibt überhaupt keinen Ausfall der Bedingung vor Fälligkeit des Preises. Auch ist die Insolvenz als solche nicht etwa einer der oben (unter I a. E.) angedeuteten Ausnahmefälle, wo nach unserer Ansicht der Verkäufer die Sache wegen Gefährdung seiner Sicherheit schon vor dem Ende der Schwebezeit zurückfordern kann. Ein solches Sicherungsbedürfnis kann durchaus nicht immer bei Zahlungsunfähigkeit des Käufers als berechtigt anerkannt werden. Denn wenn der Verkäufer einem Käufer, der, wie bekannt, schon hart daran ist, zahlungsunfähig zu werden, eine Sache unter Eigentumsvorbehalt und gleichzeitiger Preisstundung übergibt, also bis zum Ausfalle der Bedingung auf Rückforderung verzichtet (vgl. oben § 4 A), so können wir für den Fall, daß jener wirklich vorher zahlungsunfähig wird, keine Ausnahme von dem Verzicht annehmen. Denn der Verkäufer erklärt ja, indem er die Sache trotz Gefährdung seiner Forderung übergibt, stillschweigend, daß er das Risiko während der Schwebezeit zu laufen bereit ist. Es kommt sogar vor, daß der Eigentums-

---

[1] Das Gegenteil behaupteten früher Leist S. 54 und Thiesing S. 244.

[2] Oertmann Erl. 1 zu § 455; Staub a. a. O. A. 64.

[3] Crome a. a. O. Note 66; Oertmann Erl. 4 zu § 455 (er spricht vom Eintritt der auflösenden Bedingung).

vorbehalt gerade in Voraussicht der bevorstehenden Insolvenz vereinbart wird, um eine Zwangsvollstreckung in die Sache seitens anderer Gläubiger des Käufers zu vereiteln;[1] der Käufer soll hier gerade während der Zahlungsunfähigkeit in ungestörtem Genusse der Sache bleiben.

2. Es gibt nun zwei Fälle, die dem Ausfalle der Bedingung gleichstehen. Der eine liegt vor, wenn der Käufer während der Schwebezeit dem Verkäufer erklärt, er wolle nicht erfüllen und zwar auch in Zukunft nicht; der andere ist gegeben, wenn in einem Konkurse, der während der Schwebezeit über das Vermögen des Käufers hereinbricht, der Konkursverwalter gemäß § 17 KO. die Nichterfüllung des Vertrages wählt. Aus beiden Äußerungen können wir dieselbe Erklärung herauslesen, wenn auch die Art und Weise ihres Ausdrucks ganz verschieden ist: nämlich einen Verzicht des Käufers bzw. seines Konkursverwalters für ihn, das Eigentum an der Sache auf Grund der unter Eigentumsvorbehalt erfolgten Übergabe zu erwerben. Das ist ein Verzicht auf ein von einer aufschiebenden Bedingung abhängiges dingliches Recht. Ein solcher erfolgt rechtsgültig durch einseitige Erklärung des bedingt Berechtigten.[2] Jetzt steht es also fest, daß der Käufer auf Grund der bedingten Übereignung nicht Eigentümer werden wird. Damit endigt die Schwebezeit, auch wenn die Bedingung noch nicht ausgefallen ist. Demnach kann der Verkäufer als Eigentümer von seinem Rückforderungsrecht, auf das er bis zum Ende der Schwebezeit gegenüber dem Käufer verzichtet hatte (vgl. oben § 4 A), vollen Gebrauch machen; gleichzeitig erlischt — zwar nicht das Besitzrecht des Käufers aus dem Kaufvertrage, da er auf dieses nicht einseitig verzichten kann[3] — wohl aber die Verpflichtung des Verkäufers zur Vorleistung des Besitzes (vgl. oben § 4 B), so daß, wenn der Käufer weitere Besitzüberlassung auf Grund des Kaufes fordert (nach der Erklärung des Konkursverwalters ist ihm dies überhaupt versagt, s. unten § 13 II B 2 a), ihm der Verkäufer die replicatio non adimpleti contractus entgegenhalten kann. Wie sich im Falle des Konkurses der erwähnte Verzicht auf den Erwerb. des Eigentums ergibt,

---

[1] Lazarus § 109 Abs. 1.

[2] Vgl. Cohn S. 287; Planck II, Erl. 4 zu § 305.

[3] Staudinger II, 1, Vorbem. III zu § 397.

darüber s. unten § 13 II B 2 a. In der Erklärung des Käufers außerhalb des Konkurses ist er ohne Schwierigkeit zu erkennen. Denn Bedingung des Eigentumserwerbes ist hier die Erfüllung der Zahlungsverbindlichkeit, also eine von dem Käufer vorzunehmende Handlung. Erklärt er nun, gleichgültig aus welchem Grunde (er sieht vielleicht voraus, daß er zur Leistung nicht imstande sein wird, oder er erkennt seine Verbindlichkeit zur Leistung überhaupt nicht an), daß er die Handlung nicht vornehmen werde, so sagt er damit, daß er auch ihre Wirkung, nämlich den Eigentumserwerb, nicht haben wolle. Dies hat Dernburg[1] richtig erkannt; aber er geht zu weit, wenn er behauptet, daß damit die Bedingung ausfalle.[2] Die Erklärung des Käufers, nicht erfüllen zu wollen, hindert ihn und insbesondere auch seine Gläubiger (vgl. oben 1) nicht, schließlich doch noch rechtzeitig zu erfüllen. Freilich die Bedingung wird dadurch nicht mehr erfüllt, aber nicht, weil ihre Erfüllung an sich nicht mehr möglich, d. h. weil die Bedingung ausgefallen wäre, sondern weil das ganze Geschäft der bedingten Übereignung durch den Verzicht des Käufers unwirksam geworden ist. —

3. Zum Unterschied von den eben erwähnten Fällen, wo der Verkäufer die Sache vor Ausfall der Bedingung zurückfordern kann, weil die Schwebezeit abgelaufen ist, gibt es nun meines Erachtens auch solche, in denen ein Rückforderungsrecht noch während der Dauer der Schwebezeit begründet ist. Es sind dies die bereits früher in der Literatur nur ganz allgemein angedeuteten Ausnahmefälle (vgl. oben I a. E.), die wir hier auszubauen versucheu wollen. Wir haben ja schon bei der Feststellung der Grundlagen des käuferischen Besitzrechts im vorigen Paragraphen den Boden dafür vorbereitet. Wir sagten dort (§ 4 A), daß der Eigentumsvorbehalt und insbesondere das durch ihn begründete Rückforderungsrecht den Verkäufer nach dem Parteiwillen vor Verlusten sichern sollen, und zogen daraus die Folgerung, daß, wenn die Wahrscheinlichkeit eines solchen Verlustes die Rückforderung noch während der Schwebezeit für den Verkäufer nötig macht, er durch seinen generellen Verzicht auf die Ausübung seines Rückforderungsrechtes daran nicht gehindert sein soll; für solche Fälle,

---

[1] Dernburg, Pand. I § 110 A. 4.

[2] Ihm folgen Bumke S. 27, Loepert S. 32 und Stern S. 25; richtig dagegen Bekker II S. 332 Note h.

nahmen wir an, sei der Verzicht gar nicht erfolgt. Demgemäß würde sich der Käufer auf das Besitzrecht aus der bedingten Übereignung nicht berufen können, und das ihm aus dem Kaufvertrage zustehende Besitzrecht würde der replicatio non adimpleti contractus zum Opfer fallen (§ 4B). Demnach steht der rei vindicatio des Verkäufers kein Hindernis im Wege.

Es kommt nun darauf an, diese Fälle, in denen der Verkäufer zu seiner Sicherung der Rückforderungsmöglichkeit bedarf, genau zu bestimmen. Da der Käufer alle Vorteile des Kreditkaufes haben soll, die mit der Sicherheit des Verkäufers zu vereinigen sind, so müssen wir sehr vorsichtig zu Werke gehen. Wir können daher einen solchen Fall nur dann für gegeben erachten, wenn

I. die Rückforderung dringend notwendig ist und

II. der Verkäufer nicht stillschweigend erklärt hat, daß die gefahrbringenden Umstände nach seiner Ansicht nicht so gefährlich seien, um eine Rückforderung der Sache für ihn wünschenswert zu machen.

Ein Bedürfnis des Verkäufers, sich durch Rückforderung zu sichern, kann auf zweierlei Weise entstehen, entweder dadurch, daß sich die Vermögensverhältnisse des Käufers so verschlechtern, daß die Kaufpreisforderung gefährdet wird, oder dadurch, daß das Sicherungsmittel selbst, nämlich das vorbehaltene Eigentum, in seiner Sicherungskraft beeinträchtigt zu werden droht. Daß auch letzteres bei an sich guter Vermögenslage des Käufers die Möglichkeit der Rückforderung für den Verkäufer nötig macht, könnte bezweifelt werden. Es ist aber zu berücksichtigen, daß Vermögensverhältnisse sich aus irgend welchen Gründen plötzlich verschlechtern können, so daß es dann für den Gläubiger wieder sehr wichtig ist, eine Sicherheit in Händen zu haben. Wird die Sicherheit also in ihrem Werte gemindert, so bedeutet das, selbst bei guter Finanzlage des Schuldners, eine Verschlechterung der Rechtsstellung des Gläubigers, und dieser hat ein erhebliches Interesse, sie wieder aufzubessern, solange es noch Zeit ist.

A. Schlechte Vermögensverhältnisse des Käufers können, gemäß den oben aufgestellten Leitsätzen (I uud II), ein Rückforderungsrecht des Verkäufers nur dann begründen, wenn sie nicht schon zur Zeit der Übergabe der Sache bestanden haben. Denn wenn der Verkäufer trotz dieser ungünstigen Lage seines Vertragsgegners die Sache unter Eigentumsvorbehalt übergeben hat, so hat er sich damit bereit erklärt, dieses Risiko zu laufen (vgl. oben 1). Wir können uns auf die Analogie des § 321 BGB. berufen. Auch dort handelt es sich ja darum, daß eine Partei, die zur Vorleistung verpflichtet ist, sich weigern kann, vorzuleisten, wenn sich die Vermögensverhältnisse der Gegenpartei seit der Vereinbarung der Vorleistungspflicht verschlechtert haben. Dort wird die Pflicht zur Vorleistung gleich im Vertrage festgelegt, bei uns entsteht sie durch den Verzicht auf Rückforderung der Sache, den der Verkäufer stillschweigend, bei der Übergabe unter Eigentumsvorbehalt, erklärt. Daher müssen wir verlangen, daß die Vermögensverschlechterung nach der Übergabe eingetreten sei, während dort ihr Eintritt nach Abschluß des Vertrages genügt. § 321 ist für uns nicht unmittelbar zu verwenden; denn eine Gefährdung des Anspruches auf die Gegenleistung liegt im Sinne dieses Paragraphen nur dann vor, wenn auch alle dem Gläubiger etwa bestellten Sicherheiten nicht zu seinem Schutze ausreichen;[1] wenn wir nun das Recht des Gläubigers, die eigene Vorleistung zu verweigern, aus dem Eigentumsvorbehalt, also aus dem Sicherungsmittel selbst, abzuleiten vermögen, so ist die Gefährdung, welche das Gesetz zur Anwendung des § 321 verlangt, gerade nicht gegeben; auch würde der Paragraph dem Verkäufer gar nichts gewähren, was ihm nicht schon auf Grund des Eigentumsvorbehalts zusteht. Aber die Analogie dieser Gesetzesvorschrift ist für uns wertvoll, weil es der nämliche Gedanke ist, der dort den Gesetzgeber bewogen hat, aus Gründen der Billigkeit dem Vorleistungspflichtigen eine Einrede zu geben, und der uns hier veranlaßt, die Zulässigkeit einer Verwendung des Eigentumsvorbehalts zu dem gleichen Zwecke aus dem ganzen Wesen dieses Sicherungsmittels zu folgern. Aus dieser Analogie ergibt sich jetzt folgendes:

a) Die Vermögensverschlechterung muß, wie wir bereits dargelegt haben, nach Übergabe der Sache eingetreten sein.

b) Sie muß wesentlich sein. Dies entspricht durchaus dem oben angeführten Leitsatze, daß nur ein dringendes Sicherungsbedürfnis den Verkäufer zur Rückforderung berechtigt. Geringere Schwankungen im Vermögensstande können gewöhnlich leicht wieder ausgeglichen werden; auch hat ja der Verkäufer, welcher sich das Eigentum an der über-

---

[1] Vgl. RG. 53,[244].

gebenen Sache vorbehält, mit einem gewissen Mangel an Sicherheit in den Finanzen seines Gegners gerechnet.

c) Infolge dieser wesentlichen Vermögensverschlechterung muß dem Verkäufer bezüglich seiner Ansprüche die Gefahr eines Schadens drohen, wenn er nicht das Recht erhielte, die Sache sofort zurückzufordern. Die Lage muß also derart sein, daß dem Verkäufer das ihm normalerweise erst nach Ablauf der Schwebezeit zustehende Rückforderungsrecht nicht genügende Sicherheit bietet. Dies ist z. B. dann der Fall, wenn der Käufer noch keine Anzahlung geleistet hat und seine Verhältnisse so schlecht sind, daß eine Einbringung der Forderungen des Verkäufers auch nur zu einem Teile ausgeschlossen erscheint; denn jetzt kann sich der Verkäufer nur noch an die ihm vorbehaltene Sache halten; diese aber würde durch weitere Benutzung seitens des Käufers vermutlich in ihrem Werte noch gemindert werden, und dadurch würde sich der Schaden des Verkäufers immer mehr vergrößern. Es kommt also für letzteren darauf an, sofort wieder in den Besitz der Sache zu gelangen, um so mehr als diese ohnehin schon etwas abgenutzt sein und daher die voraussichtlich ausbleibende Zahlung nicht mehr voll decken wird.

d) Der Käufer kann durch Sicherheitsleistung die Rückforderung der Sache abwenden. Denn der Grund, weshalb dem Verkäufer das Rückforderungsrecht hier ausnahmsweise vor dem Ende der Schwebezeit verliehen wird, ist ja das Sicherungsbedürfnis; mit neuer Sicherheitsleistung fällt aber dieser Grund fort. Bürgenstellung ist zulässig.[1] Die zu leistende Sicherheit braucht nur so hoch zu sein, daß der Verkäufer, wenn er den Eigentumsvorbehalt erst nach dem Ablanf der Schwebezeit geltend macht, keinen Schaden erleiden wird. Durch dieses Recht des Käufers, sich der Rückgabe durch Sicherheitsleistung zu entziehen, unterscheidet sich übrigens unser Fall wesentlich von denjenigen, wo wegen Ablaufs der Schwebezeit vindiziert wird.

Indem wir dem Verkäufer bei Vermögensverschlechterung des Käufers das hier besprochene Rückforderungsrecht gewähren, gelangen wir praktisch zu einem ähnlichen Ergebnis wie die ältere Lehre, welche bei Zahlungsunfähigkeit die Bedingung ausfallen ließ. Aber es bestehen doch erhebliche Abweichungen. Denn nach unserer Auffassung kann der Verkäufer die Sache, trotz Insolvenz des Käufers, dann nicht

[1] Zum Vergleich s. Planck II, Erl. zu § 321.

zurückfordern, wenn der Käufer schon bei Übergabe der Sache von der Zahlungsunfähigkeit nicht mehr weit entfernt war. Ferner kann, wie gesagt, durch Sicherheitsleistung des Käufers die Rückforderung vereitelt werden. Und schließlich wird unser Rückforderungsrecht im Falle des Konkurses so gut wie ausgeschlossen sein. Denn wir haben es ja an die Voraussetzung geknüpft (s. oben c), daß der Verkäufer nicht mehr bis zum Ablauf der Schwebezeit warten kann; diese Voraussetzung wird hier gewöhnlich fehlen. Der Verkäufer hat es nämlich in der Hand, den Ablauf der Schwebezeit zu beschleunigen; er braucht nur gemäß § 17 KO. vom Verwalter eine Erklärung darüber zu verlangen, ob er auf Erfüllung bestehe: lehnt dieser die Erfüllung ab oder erklärt er sich nicht unverzüglich, so endet damit die Schwebezeit (vgl. oben 2 und unten § 13, II B, vor 1). Wählt der Verwalter die Erfüllung, dann wird der Verkäufer als Massegläubiger befriedigt und wird daher gewöhnlich keinen Schaden erleiden. Sollte sich jedoch der Vermögensstand des Gemeinschuldners als so schlecht herausstellen, daß der Anspruch des Verkäufers sogar als Masseschuld gefährdet ist, dann kann das besprochene Rückforderungsrecht Anwendung finden.[1] Geleugnet muß werden, daß schon die Eröffnung des Konkurses als solchen wegen der mit ihm verknüpften Verfügungsbeschränkungen eine solche Vermögensverschlechterung darstellt, welche das Rückforderungsrecht zu begründen imstande ist.[2] Vielmehr werden, gerade durch den Konkurs in Verbindung mit der Wahl der Erfüllung seitens des Verwalters, die für uns und für den § 321 in Betracht kommenden Ansprüche aus beiderseits noch nicht voll erfüllten gegenseitigen Verträgen insofern besser gestellt, als sie ja in die Klasse der Masseschulden aufrücken, also vor anderen Schulden des Kridars bevorzugt werden.

B. Gefährdung des Sicherungsmittels, des vorbehaltenen Eigentums, rechtfertigt das Rückforderungsrecht des Verkäufers, entsprechend den Leitsätzen, nur unter zwei Voraussetzungen:

---

[1] Zum Vergleich s. Jaeger 3. und 4. Aufl. A. 34 zu § 17.

[2] Für den Fall des § 321 BGB. wird dies behauptet im „Recht“ 05 Nr. 269 und ferner von Staudinger II, 1 A. 2c zu § 321; a. M. mit Recht: Jaeger a. a. O.; Staub II, Exk. zu § 382 A. 81.

a) Die Gefährdung muß erheblich sein und nur dann abgewendet werden können, wenn dem Verkäufer ausnahmsweise die sofortige Rückforderung gestattet wird.

b) Der Verkäufer darf weder ausdrücklich noch stillschweigend in die Gefährdung eingewilligt haben.

Zu a: Das vorbehaltene Eigentum kann auf zweierlei Weise einer Beeinträchtigung seiner Sicherungskraft ausgesetzt werden: einerseits rechtlich und unmittelbar, z. B. wenn der Käufer es unternimmt, die Sache an gutgläubige Dritte zu veräußern, andererseits tatsächlich, durch Beiseiteschaffen oder Gefährdung der Sache. Daß die dem Sicherungsmittel drohende Gefahr durch ein Verschulden des Käufers herbeigeführt werde, ist nicht unbedingt nötig; denn die Rückforderung der Sache bezweckt keinen Schadenersatz, sondern nur Einstellung der Vorleistung, damit der Verkäufer keinen Verlust erleide. Wohl aber wird man dann zur Voraussetzung der Rückforderung machen müssen, daß der Käufer die Ausbesserung von Schäden, die ohne seine Schuld entstanden sind, oder die Ergreifung notwendiger Sicherungsmaßregeln schuldhafterweise[1] unterläßt oder, falls er selbst zu diesen Dingen außerstande ist, andere Personen an deren Vornahme verhindert. Genügt er selbst aber seiner Pflicht und steht er den Schutzvorkehrungen, die der Verkäufer trifft, nicht im Wege, so besteht gar kein Bedürfnis der Rückforderung. Letztere ist auch dann ausgeschlossen, wenn der Verkäufer die Beseitigung einer Gefährdung schon durch bloße Abmahnung (so bei Mißbrauch der Sache) oder bloße Erinnerung an die Pflicht (so bei schuldhaftem Unterlassen von Sicherungsmaßnahmen) erreichen kann. Da das Rückforderungsrecht dem Sicherungsbedürfnis des Verkäufers entspringt, so kann es (genau wie im Falle A) durch Sicherheitsleistung des Käufers abgewendet werden.

Zu b: Das Rückforderungsrecht ist nicht gegeben, wenn der bestimmungsgemäße bzw. der vertragsmäßig gestattete Gebrauch der Sache seinem Wesen nach ihre Gefährung zur Folge hat und der Käufer nicht die verkehrsüblichen bzw. ihm zur Pflicht gemachten Schutzvorkehrungen außer acht gelassen hat. Vertragsmäßig gestattet ist die gefährdende Gebrauchsweise auch dann, wenn der bestimmungsgemäße Gebrauch die Sache in den Händen des Käufers einer be-

[1] Über diese Pflicht des Käufers vgl. unten § 10.

sonderen Gefahr aussetzt und dies schon bei Übergabe der Sache vorauszusehen ist.

Anmerkung. Besteht der Eigentumsvorbehalt in resolutiv bedingter Übereignung, so sind die Möglichkeiten der Rückforderung wesentlich beschränkter als bei suspensiver Bedingung. Zunächst gilt für den Eintritt der auflösenden Bedingung dasselbe, wie für den Ausfall der aufschiebenden: er kann nur in demjenigen Zeitpunkte erfolgen, wo die Zahlung fällig wird; denn erst dann kann das Ausbleiben der rechtzeitigen Zahlung wirklich feststehen; vgl. das oben unter 1. Gesagte. Fällt der Zahlungstermin in den Konkurs des Käufers hinein und bleibt die Zahlung infolge der Konkurseröffnung gänzlich oder teilweise aus, so hat dieser Eintritt der Bedingung nicht die Wirkung, daß der Käufer sein Eigentum zugunsten des Verkäufers wieder verliert; vgl. unten die Anmerkung am Schlusse des § 13. Schon vor Eintritt der Bedingung endigt die Schwebezeit, entsprechend dem für die Suspensivbedingung Gesagten, wenn der Käufer erklärt, nicht erfüllen zu wollen. Denn er sagt damit, daß er die Nichtzahlung als feststehende Tatsache betrachtet wissen wolle; Nichtzahlung bedeutet jedoch den Eintritt der Resolutivbedingung; obgleich dieser noch nicht wirklich erfolgt ist, erklärt also der Käufer, er wolle ihn als erfolgt gelten lassen; m. a. W.: er verzichtet auf sein noch immer vorhandenes resolutiv bedingtes Eigentum. Infolgedessen lebt ipso iure das Eigentum des Verkäufers, welches für die Zwischenzeit zu einer bloßen Anwartschaft auf den Rückfall des Eigentums herabgedrückt war, wieder voll auf. Zu diesem Verzicht des Käufers selbst gibt es nun hier — anders bei der Suspensivbedingung — kein Seitenstück in einer Erklärung seines Konkursverwalters; s. darüber die Anmerkung am Schlusse des § 13. Ausgeschlossen ist hier ferner, zum Unterschied von dem Falle der Suspensivbedingung (vgl. oben 3), die Rückforderung während der Schwebezeit. Denn es fehlt dazu die Basis: das Eigentum des Verkäufers; hat er es doch für die ganze Schwebezeit selbst aufgegeben! — Resolutiv bedingte Übereignung sichert den Verkäufer also weit schlechter als suspensiv bedingte. Das ist ganz natürlich; denn wenn er das Eigentum zurückbehält, hat er selbstverständlich mehr Rechte, als wenn er es, sei es auch unter Rückfallsklausel, aus der Hand gibt. Wir sehen hier aufs neue, daß der Gesetzgeber recht hatte, wenn er sich in der Auslegungsregel des § 455 BGB. im Zweifel für die Suspensivbedingung entschieden hat.

§ 6.

B. Die obligatorische Seite des Eigentumsvorbehalts.

I.

Wie schon erwähnt, legt das Gesetz den Eigentumsvorbehalt nicht nur als bedingte Vornahme der Übereignung aus, sondern sieht darin im Zweifel auch noch die Vereinbarung, daß der Verkäufer vom Vertrage soll zurücktreten können, wenn der Käufer mit der Zahlung in Verzug kommt.

Welches ist der Grund gewesen, der den Gesetzgeber zu dieser Annahme bestimmt hat? Die Materialien des Gesetzes geben uns darüber keinen Aufschluß. Die Protokolle[1] meinen nur, dies entspreche der Verkehrsanschauung. Das ist richtig.[2] Woher kommt aber nun diese? Sie läßt sich m. E. folgendermaßen erklären:

Für den Laien ist „verkaufen" gleichbedeutend mit „Eigentum gegen Geld übertragen". Wenn er sich also als Verkäufer das Eigentum bis zur Zahlung vorbehält, so heißt das: er schließt den Kauf noch nicht ganz fest ab, er „macht seine Gültigkeit von der Zahlung abhängig". Ich spreche hier nicht juristisch technisch, sondern gebrauche absichtlich diesen ungenauen Ausdruck, um die Vorstellungsweise des Laien zu kennzeichnen. Die „Abhängigkeit der Geltung des Kaufes von der Zahlung" bedeutet durchaus keine aufschiebende Bedingtheit des Schuldvertrages; der Käufer ist auch nach der Auffassung der Parteien verpflichtet zu zahlen, verpflichtet auf Grund des Kaufvertrages. Auch eine auflösende Bedingtheit meinen sie nicht: der Käufer soll es nicht in der Hand haben, durch Verzögerung der Zahlung den Vertrag, selbst gegen den Willen des Verkäufers, zur Auflösung zu bringen. Nein, der Verkäufer will für sich allein die Freiheit haben, sich nach dem Ausbleiben der Zahlung als an den Vertrag nicht mehr gebunden zu erklären, d. h. er will ein Rücktrittsrecht haben. Es ist nun schwer zu sagen, was sich die Parteien unter „Ausbleiben der Zahlung" denken, ob sie Verzug oder schlechthin objektives Ausbleiben der Leistung meinen. Bei Abschluß des Vertrages werden ihnen die verschiedenen Möglichkeiten überhaupt nicht zum Bewußtsein kommen. Daher müssen wir fragen, was die Parteien eintretenden Falles wohl für billig erachten würden. Und da ist nun klar: Für den Käufer bedeutet eine ohne seinen Willen erfolgende Auflösung des Vertrages einen rechtlichen Nachteil; der Verkäufer aber hat für den Augenblick des Ausbleibens der fälligen Zahlung zunächst genügende Sicherheit durch den Vorbehalt des dinglichen Rechts; es ist nicht unbedingt nötig, daß er sofort den Vertrag lösen kann. Da-

[1] Prot. II S. 80.

[2] Vgl. bezüglich des Abzahlungsgeschäftes Lazarus § 52 S. 53.

her ist es billig, daß ihm die letztere Befugnis erst zusteht bei einem vom Käufer zu vertretenden Ausbleiben[1] und ferner, falls der Zahlungstermin nicht kalendermäßig bestimmt ist, nur nach vorangegangener Mahnung (bzw. was ihr nach § 284 I BGB. gleichsteht). So kommt das Gesetz zu der Annahme, daß das Rücktrittsrecht erst für den Fall des Verzuges vereinbart sei, wobei es allerdings als gleichgültig betrachtet werden muß, ob dieser Verzug hinsichtlich des ganzen Kaufpreises oder nur eines Teiles eintritt.[2]

Das vorbehaltene Eigentum und das Recht des Rücktritts vom Schuldvertrage ergänzen einander:[3] Auf Grund des ersteren kann sich der Verkäufer zu seiner Sicherheit wieder in den unmittelbaren Besitz der Sache setzen; durch Ausübung des Rücktrittsrechts erhält er wieder freie Verfügung über sie; und umgekehrt sichert der Eigentumsvorbehalt dinglich die Ausübung der persönlichen Rechte, die sich für den Verkäufer aus dem Rücktritte ergeben.

Die Erklärung des Rücktritts und seine Wirkungen richten sich nach den §§ 346 ff. BGB. Insbesondere sind die Parteien nach erfolgtem Rücktritte verpflichtet, einander alle empfangenen Leistungen zurückzugewähren bzw. zu vergüten: Der Käufer hat also hauptsächlich die Sache und die gezogenen Nutzungen herauszugeben, während der Verkäufer empfangene Anzahlungen zurückerstatten muß. Die Nebenansprüche wegen Schäden, Nutzungen und Verwendungen bestimmen sich von dem Augenblicke an, wo die Sache dem Käufer unter Eigentumsvorbehalt übergeben worden ist, nach den Vorschriften (§ 987 ff. BGB.), die zwischen Eigentümer und Besitzer vom Eintritte der Rechtshängigkeit des Herausgabeanspruchs an gelten (§ 347 BGB.).

II.

Nicht uninteressant ist die Frage, welche sonstigen Rechte der Zahlungsverzug des Käufers dem Verkäufer außer dem Rücktrittsrecht noch gewährt:

---

[1] Gar nicht in Frage kommt der Fall, daß noch vor dem Fälligkeitstermine die Sicherheit des Verkäufers gefährdet wird; es genügt hier vollkommen, daß er die Sache zurückfordern kann.

[2] Windscheid-Kipp II S. 659 Abs. 2.

[3] Vgl. Lazarus § 52; Pudor S. 44.

Zunächst hat er jedenfalls das Recht, nach §§ 286 I, 288 BGB neben der Erfüllung Verzugsschadenersatz, insbesondere Verzugszinsen zu verlangen. Die §§ 286ff. sind ja auch bei gegenseitigen Verträgen subsidiär anwendbar.

Gewährt ihm nun § 326 BGB. noch weitere Rechte? Das Rücktrittsrecht kommt für uns nicht in Betracht, da schon § 455 ein solches einräumt und zwar stets, ohne daß vorher eine Fristsetzung erforderlich wäre. Wie steht es mit dem Rechte, nach erfolgter Fristsetzung (bzw., wo kein Interesse mehr besteht, ohne solche), unter Ablehnung der Leistungsannahme Schadenersatz wegen Nichterfüllung zu verlangen? Hier ist es von Bedeutung, welcher Theorie wir bezüglich des Begriffes dieses Schadenersatzes uns anschließen.[1]

Die sogenannte Austausch- oder Surrogationstheorie sagt: Der Schadenersatz tritt an die Stelle der infolge Verzuges abgelehnten Erfüllung, während im übrigen der Vertrag bestehen bleibt. Da nun in unserem Falle die Erfüllung selbst eine Geldleistung ist, so bedeutet bei dieser Auslegung „Schadenersatz wegen Nichterfüllung" praktisch nichts anderes als: Erfüllung plus Ersatz des Verzugsschadens. Letzteres kann der Verkäufer jedoch bereits nach § 286 I verlangen. Überdies wird man sagen müssen, daß, wenn er einmal die Annahme des Kaufpreises abgelehnt und infolgedessen den Anspruch darauf verloren hat, er ihn auch nicht unter dem Deckmantel eines Schadenersatzes wegen Nichterfüllung schließlich doch verlangen kann.[2]

Nach der Differenztheorie würde, wenn der Verkäufer Schadenersatz wegen Nichterfüllung wählt, sowohl die Zahlung als die Eigentumsübertragung und die weitere Besitzüberlassung unterbleiben und der Verkäufer den Ersatz desjenigen Schadens fordern können, den ihm diese Nichterfüllung des ganzen Vertrages verursacht. Das wäre also ein Recht, welches ihm § 455 nicht gewährt.

Ich möchte mich nun keiner von diesen beiden extremen Theorien anschließen, sondern einer mittleren folgen, die auch vom 27. deutschen Juristentage angenommen worden ist.[3] Nach ihr kann der Ersatz-

---

[1] Vgl. über den Streit: Planck II, Erl. 1, a zu § 325; Staudinger II, 1, Vorbem. IV zu §§ 323—327.

[2] Vgl. Staub II, Exk. zu § 374 A. 26.

[3] Vgl. Verhandlungen des 27. deutschen Juristentages Bd. 4 S. 112ff., 627ff.; vgl. auch Staudinger II, 1 Vorbem. IV zu §§ 323—327.

berechtigte „Schadenersatz wegen Nichterfüllung unter Einbehaltung und den Umständen entsprechender Anrechnung seiner Leistung dann verlangen, wenn ihm die Bewirkung dieser Leistung billigerweise nicht mehr zugemutet werden kann“.[1] Abgesehen von diesem Falle würde unser Verkäufer, wenn er Schadenersatz wegen Nichterfüllung begehrt, von der Verpflichtung zur Gegenleistung nicht frei; wir hätten also in allen übrigen Fällen das Ergebnis der Austauschtheorie; wir haben jedoch bereits gesehen, daß ein solcher Schadenersatz, der nur an die Stelle der Erfüllung tritt, bei uns deshalb ausgeschlossen ist, weil die Erfüllung selbst in einer Geldleistung besteht. Daraus ergibt sich für uns: Wenn unser Verkäufer überhaupt Schadenersatz wegen Nichterfüllung verlangen will, so kann er dies nur unter Einbehaltung seiner Gegenleistung tun; er ist aber hierzu, wie gesagt, nur dann berechtigt, wenn die Pflicht zur Gegenleistung für ihn einen Schaden bedeutet.

§ 7

C. Das Verhältnis des durch den Eigentumsvorbehalt verbürgten Rückforderungsrechtes zu dem Anspruche auf Preiszahlung; Erfüllung der Zahlungsverbindlichkeit nach Ausfall der Bedingung.

I.

1. Wenn der Verkäufer von dem ihm vorbehaltenen Eigentum Gebrauch macht und die Sache zurückfordert, so fragt es sich, welchen Einfluß diese Erklärung auf den Kaufvertrag hat.

Der Eintritt der Rückforderungsmöglichkeit an sich läßt, wie wir bereits gesehen haben, den Vertrag unberührt: Weder ist der Kauf durch das Ausbleiben der fälligen Zahlung auflösend bedingt (vgl. oben § 2 B), noch kann die vor Ausfall der Bedingung abgegebene Erklärung des Käufers, nicht erfüllen zu wollen, einen Verzicht auf seine obligatorischen Ansprüche darstellen (vgl. oben § 5, II 2); und der Eintritt eines Sicherungsbedürfnisses für den

[1] 27. deutscher Juristentag Bd. 4 S. 630.

Verkäufer kann unmöglich die zu sichernde Preisforderung ihres Rechtsgrundes berauben (vgl. oben § 5, II 3).

Aber auch wenn der Verkäufer wirklich die Rückgabe der Sache begehrt, so hat das keinen Einfluß auf den Bestand des Schuldverhältnisses:

Früher vertrat Duncker (S. 162) folgende Ansicht: Wenn der Verkäufer nicht die actio venditi auf Erfüllung, sondern die rei vindicatio auf Herausgabe der Sache anstelle, so gebe er dadurch zu erkennen, daß er von dem Vertrage abtreten wolle; der Käufer aber erkläre, indem er die Sache herausgebe, sein Einverständnis, und so werde der Vertrag mit Willen beider Kontrahenten aufgelöst. Hiergegen ist mit A. Leonhardt (S. 248) zu sagen: Da der Käufer zur Rückgabe der Sache gegenüber dem Vindikanten verpflichtet ist und auch dazu gezwungen werden kann, so kann aus der Erfüllung dieser Pflicht unmöglich die Erklärung herausgelesen werden, daß er vom Vertrage zurücktreten wolle. Aber dieser Einwand reicht heutzutage zur Widerlegung der Dunckerschen Ansicht nicht mehr aus. Denn nach § 455 hat der Verkäufer im Zweifel bei Zahlungsverzug des Gegners ein Rücktrittsrecht und kann daher durch bloße einseitige Erklärung den Vertrag zur Auflösung bringen; daher würde zweifellos die Rückforderung der Sache die Auflösung des Vertrages zur Folge haben, wenn in dem Begehren der Rückgabe wirklich, wie Duncker behauptet, die Erklärung enthalten wäre, von dem Vertrage zurückzutreten. Ist das letztere nun der Fall? Die juristische Konstruktion an sich macht es nicht notwendig; denn das aus dem vorbehaltenen Eigentum sich ergebende Recht, die Sache herauszuverlangen, und das Recht, den Rücktritt zu erklären, stehen begrifflich ganz unabhängig nebeneinander; es brauchen ja dem Verkäufer auch gar nicht immer beide Rechte eingeräumt zu sein. Liegt aber vielleicht nach der Verkehrsanschauung in dem Begehren der Rückgabe auch notwendig die Rücktrittserklärung? Dies bejahen Goldmann-Lilienthal (§ 142 A. 2); folgerichtig behaupten sie weiter, daß der Verkäufer, wenn er die Sache zurückfordere, nach §§ 346 ff. BGB. zur Rückzahlung des bereits empfangenen Teiles des Kaufpreises verpflichtet sei. Hieran ist zutreffend, daß man wohl ziemlich oft die Erklärung des Rücktritts in der Rückforderung wird erblicken können; falsch aber ist die Verallgemeinerung, daß dies regelmäßig der Fall sei; wir müssen es sogar ablehnen, dies

Zusammenfallen auch nur im Zweifel als vorliegend anzunehmen;[1] denn die Auflösung des Vertrages ist, wie wir später zu zeigen haben, in vielen Fällen für den Verkäufer nichts weniger als vorteilhaft, und sie ist ferner auch nicht das einzige Mittel zur Lösung des Verhältnisses (vgl. unten § 12, B 5). Damit widerlegt sich auch von selbst die weitere Behauptung von Goldmann-Lilienthal: Wenn es dem Verkäufer nicht vertragsmäßig zugestanden sei, so habe er nicht das Recht, die Sache bei Zahlungsverzug ohne Rücktritt vom Vertrage wieder in seinen Besitz zu nehmen. — So kommen wir zu dem Ergebnis: Die Geltendmachung des Eigentumsvorbehalts wegen Zahlungsverzugs schließt an sich nicht die Ausübung des Rücktrittsrechtes in sich[2] (s. jedoch unten 2). Der Verkäufer hat vollkommen freie Wahl, ob er beide Rechte zusammen ausüben will oder einzeln.

Hat demnach weder der Eintritt der Rückforderungsmöglichkeit noch auch die Rückforderung selbst die Auflösung des Kaufes zur Folge, so kann der vindizierende Verkäufer grundsätzlich nicht verpflichtet sein, etwa erhaltene Anzahlungen zurückzuerstatten. Dies ist auch die Meinung aller derer, die den Kaufvertrag noch als bestehend anerkennen.[3] Es gibt jedoch unter ihnen eine Gruppe, die von dieser Regel eine bedeutsame Ausnahme zuläßt; davon soll unten § 12, B, 2—4 die Rede sein.

Trotz dieses Sachverhalts wäre nun allerdings denkbar, daß der Verkäufer, indem er erklärt, von dem Eigentumsvorbehalt Gebrauch zu machen, sich des Rechtes begibt, weiterhin auf Zahlung zu klagen. Denn man könnte sagen: Auch wenn der Vertrag und mit ihm der Anspruch auf den Preis bestehen bleibt und der Verkäufer demnach die empfangenen Zahlungen behalten darf, so kann ihm doch zur Befriedigung seines Restanspruches nur ein Weg offen stehen, entweder die Klage auf Zahlung selbst oder die Realisierung des Eigentumsvorbehalts; betritt er einen von diesen beiden Wegen, so ist ihm der andere versperrt. Dieser Gedanke ist unrichtig. Der Eigentums-

---

[1] Dies tut Windscheid-Kipp II § 387 S. 640.

[2] Vgl. Staudinger II, 1, Erl. II, 4 zu § 455; Planck II, Erl. 2 zu § 455; Crome II § 212, zu Note 69; Endemann I § 160a A. 24; Staub II, Exk. zu § 382 A. 64; JW. 05, 18f.[14]; LeipzZ. 07, 515[8]; vgl. auch BadRpr. 01, 302.

[3] Vgl. auch noch RG. 7, 150f.

vorbehalt soll ja den Verkäufer für die Preisforderung sichern; die Ausübung der vorbehaltenen Rechte ist nur ein Notbehelf und kann daher die Geltendmachung der zu sichernden Forderung so lange nicht ausschließen, bis der Verkäufer für seinen Anspruch wirklich volle Befriedigung erlangt hat. Deshalb kann in der Erklärung, diesen Notbehelf benutzen zu wollen, auch nicht etwa ein Verzicht des Verkäufers auf die Beschreitung des normalen Weges, d. h. auf die Erhebung der Kaufpreisklage, gefunden werden; ebensowenig ist das Umgekehrte der Fall: Die Geltendmachung des zu sichernden Zahlungsanspruches steht selbstverständlich, sofern eine Sicherung überhaupt noch nötig ist, der Benutzung des Sicherungsmittels nicht im Wege. Die Klage auf Erfüllung und die Rückforderung der Sache auf Grund des Vorbehalts schließen einander nicht aus.[1]

2. Wenn wir oben den Satz aufgestellt haben, daß an sich die Rückforderung der Sache nicht zugleich die Ausübung des Rücktrittsrechts bedeute, so haben wir davon eine wichtige Ausnahme zu verzeichnen. Sie ergibt sich dann, wenn das hier vorgenommene Kaufgeschäft unter das Gesetz betr. die Abzahlungsgeschäfte, vom 16. Mai 1894 (Reichsgesetzblatt S. 450f.), fällt. Diese Voraussetzung ist erfüllt, wenn

a) der Kaufpreis in Teilzahlungen erlegt werden soll (§ 1 AbzG.) und

b) der Käufer nicht als Kaufmann in das Handelsregister eingetragen ist (§ 8 AbzG.).

Teil-(Raten-)Zahlungen sind nicht etwa schon dann vereinbart, wenn bei der Übergabe eine Anzahlung geleistet und später der ganze Rest auf einmal gezahlt werden soll; vielmehr müssen hier noch mindestens zwei Teilzahlungen nach der Übergabe der Sache zu entrichten sein.[2]

Für diesen Fall nun, bestimmt § 5 AbzG., soll folgendes rechtens sein: „Hat der Verkäufer auf Grund des ihm vorbehaltenen Eigentums die verkaufte Sache wieder an sich genommen, so gilt dies als Ausübung des Rücktrittsrechts." Während also im Normalfalle des Eigentumsvorbehalts die Rückforderung der Sache nicht einmal im Zweifel

[1] Oertmann Erl. 1 zu § 455; Staudinger a. a. O.; Staub a. a. O. A. 66; Jaeger, 3. und 4. Aufl. A. 15 zu § 26; RG. 7, 150; 49, 190; BadRpr. 01, 302; 03, 281; PucheltsZ. 05, 358; LeipzZ. 07, 515[8] = Recht 07 Nr. 1344; OLG. 15 (07), 236[a] = Recht 07 Nr. 1005.

[2] Lazarus § 38, 3; über den Begriff des Abzahlungsgeschäftes: daselbst § 37.

als gleichzeitiger Rücktritt vom Vertrag aufgefaßt wird, so soll sie hier stets als solcher angesehen werden; und sie soll dies sogar dann, wenn dem Verkäufer nach dem Vertrage gar kein Rücktrittsrecht, sondern nur die aus dem vorbehaltenen Eigentum sich ergebenden dinglichen Rechte zustehen sollen, wenn also die Parteien die obligatorische Wirkung des Eigentumsvorbehalts ausgeschlossen haben.[1] Wer sich bei einem Abzahlungsgeschäft das Eigentum an der Kaufsache vorbehält, der hat kraft zwingenden Rechts stets ein Rücktrittsrecht, also nicht nur im Zweifel wie nach § 455 BGB.; und er übt dieses Rücktrittsrecht kraft zwingender Gesetzesvorschrift immer zugleich mit der Rückforderung der Sache aus,[2] so daß er stets, wenn er die Sache zurückbekommt, die empfangenen Raten wieder herauszugeben hat. Zwingend sind alle diese Regeln deshalb, weil sie dem Schutze des Käufers dienen sollen; denn wäre der § 5 nicht da, so würde ein mittelloser Käufer leicht in dieselbe Lage kommen, wie wenn eine (im § 1 AbzG. verbotene) Ratenverwirkungsklausel verabredet worden wäre; die Vorschrift soll demnach eine Umgehung des § 1 AbzG. verhindern.[3]

II.

Da, wie wir oben (I, 1) festgestellt haben, weder der Eintritt der Rückforderungsmöglichkeit, insbesondere der Ausfall der Bedingung, noch auch, im Regelfalle, das Rückgabebegehren selbst den Kaufvertrag zur Auflösung bringen, so kann der Käufer grundsätzlich immer noch erfüllen und Erfüllung verlangen. Es erhebt sich nun die Frage, in welcher Weise nach dem Ausfalle der Bedingung eine solche nachträgliche Preiszahlung oder auch nur das Angebot der Zahlung auf den Eigentumsvorbehalt einwirkt, solange ihn der Verkäufer noch nicht durch vollendeten Rückempfang der Sache realisiert hat (wie sich die Rechtslage gestaltet, wenn er die Sache bereits wieder in seinen Händen hat, darüber vgl. unten § 12 B).

Es wird mit Recht in der Literatur die Meinung vertreten: das Angebot der vollen Zahlung vereitele die bereits angestellte Vindikation

---

1. Vgl. genauer Lazarus § 54.
2. Lazarus § 56 Abs. 2.
3. Lazarus § 53.

des Verkäufers.[1] Begründet wird die Behauptung meist gar nicht oder doch nur kurz. Wir wollen aber etwas genauer auf diesen Satz eingehen.

Wir formulieren ihn zunächst besser folgendermaßen:

Solange nicht der Verkäufer die Sache wieder zurückgenommen hat und solange eine Erfüllung der Zahlungsverbindlichkeit noch rechtlich möglich ist und dem Verkäufer in Gestalt eines Surrogats noch aufgezwungen werden kann, schlägt der Käufer

1. durch Angebot der geschuldeten Leistung eine etwa angestellte Rückforderungsklage aus dem Felde und erwirbt

2. durch Bewirkung der Zahlung bzw. ihrer Surrogate ipso iure das Eigentum.

Dies ist bei der Auslegung, die wir dem Eigentumsvorbehalt gegeben haben, nicht so ganz selbstverständlich. Denn wir haben gesagt (vgl. oben § 5, II, 1), daß die Parteien nicht die Zahlung schlechthin, sondern rechtzeitige Zahlung zur Bedingung des Eigentumsüberganges gemacht haben. Daher kann der Käufer auf Grund dieser Übereignung, wenn sie durch das Ausbleiben der rechtzeitigen Zahlung wirkungslos geworden ist, das Eigentum nicht mehr erlangen; seine nachträgliche Zahlung ist dann nicht mehr rechtzeitig und erfüllt folglich die Bedingung nicht. Nun hat aber nach dem übereinstimmenden Willen der Parteien der Eigentumsvorbehalt keine selbständige, sondern nur eine subsidiäre Bedeutung[2] insofern, als er lediglich ein Mittel sein soll, um den Verkäufer vor Verlusten möglichst zu bewahren. Erfüllt nun der Käufer seine Verpflichtungen noch nach Ausfall der Bedingung in vollem Umfange, d. h. leistet er Zahlung und außerdem Ersatz für etwaigen Verzugsschaden, insbesondere geschuldete Verzugszinsen, so erleidet ja der Verkäufer gar keinen Verlust. Daher kann er auch nicht von seinem Sicherungsmittel, dem Eigentumsvorbehalt, Gebrauch machen und die Sache zurückfordern; vielmehr soll, nach der Meinung der Parteien, der Vertrag auch von seiten des Verkäufers jetzt voll erfüllt werden, der Käufer also das ihm noch fehlende Eigentum erhalten. So finden wir, daß neben der durch rechtzeitige Zahlung des Preises bedingten dinglichen Einigung noch eine

[1] So: A. Leonhardt S. 259f.; Duncker S. 92, 93, 96, auch 98; v. Geyso S. 169; Goldschmidt I, 2 § 81, zu Note 45; SeuffA. 5 Nr. 156, a, *a*; Staub a. a. O., A. 64; vgl. auch Leist S. 51.

[2] Vgl. besonders Duncker S. 92f.

sekundäre Einigung hergeht, welche bedingt ist schlechthin durch die volle Erfüllung der dem Käufer obliegenden Verbindlichkeiten.[1]

Diese zweite Einigung hat selbstverständlich nur dann eine Wirkung, solange nicht das andere Erfordernis des § 929 BGB., die Übergabe, rückgängig gemacht worden ist. Umgekehrt kann die Einigung nicht früher widerrufen werden, als bis die Sache an den Verkäufer zurückgegeben ist. Denn ein Widerruf der Einigung ist nur bis zu dem Augenblicke der Übergabe möglich.[2] Durch das Zusammentreffen der bedingten Einigung mit der Übergabe ist ja eine Anwartschaft des Käufers entstanden, und diese kann der Verkäufer nicht durch Widerruf einseitig zerstören.

Daher bleibt die Einigung selbst dann noch bestehen, wenn der Verkäufer auf Grund des vorbehaltenen Eigentums schon die Rückgabe begehrt hat.

Die sekundäre Einigung wird jedoch vor Rückgabe ipso iure unwirksam, wenn ihre Bedingung ausfällt, d. h. wenn die Erfüllung der Käuferleistung als solche rechtlich unmöglich wird. Dies ist der Fall, wenn der Verkäufer wegen Verzuges des Käufers den Rücktritt erklärt. Denn durch den Rücktritt wird das Schuldverhältnis unter den Parteien ex tunc aufgelöst;[3] besteht aber das Schuldverhältnis nicht mehr, so gibt es auch keine Erfüllung.

Etwas anders liegen die Verhältnisse, wenn der Verkäufer gemäß § 326 BGB., nach fruchtlosem Fristablauf, bzw. — falls er an der Erfüllung kein Interesse mehr hat — ohne Fristsetzung, die Annahme der Leistung ablehnt und, unter Einbehaltung seiner Gegenleistung (vgl. oben § 6 II a. E.), Schadenersatz wegen Nichterfüllung begehrt: Hier ist zwar an sich noch Erfüllung, und infolgedessen auch Eigentumsübergang auf Grund der bedingten Einigung, möglich, aber nur wenn der Verkäufer die nachträglich angebotene Leistung noch als Erfüllung annimmt. Der Käufer kann den Verkäufer nicht mehr in

---

[1] Für die Schwebezeit der sekundären Einigung kann natürlich ein Verzicht des Verkäufers auf die Ausübung des Rückforderungsrechtes nicht angenommen werden; vgl. oben § 4 A.

[2] Vgl. Planck III, Erl. 3a zu § 929.

[3] Vgl. Staudinger II, 1, Vorbem. IV, 1 zu § 346.; Planck II, Vorbem. 1 zu § 346.

Annahmeverzug setzen und ihm die Erfüllung nicht mehr in Gestalt eines Surrogats, z. B. der Hinterlegung, aufzwingen;[1] auch tritt ja an die Stelle der Erfüllung keine Ersatzleistung, deren Bewirkung, genau wie die Erfüllung selbst, den Eintritt der Bedingung bedeuten würde; sondern es fallen Leistung und Gegenleistung weg, und es wird nur für die Nichterfüllung des ganzen Vertrages Vergütung gewährt. So wirkt also hier die sekundäre Einigung nur dann, wenn beide Parteien damit einverstanden sind. Der Käufer kann hier auch nicht etwa auf Grund des Kaufes die Herausgabe der Sache verweigern; denn der Verkäufer fordert den Schadenersatz ja unter Einbehaltung seiner Leistung, und zu dieser Leistung gehört auch die weitere Besitzüberlassung (vgl. oben § 4 B).

Obgleich nun der Übergang des Eigentums erst durch wirkliche Erfüllung oder ihre Surrogate eintritt, hat doch auch das bloße Angebot der vollen Erfüllung Bedeutung, nämlich dann, wenn der Verkäufer wegen Ausbleibens der rechtzeitigen Zahlung die Klage auf Rückgabe der Sache angestellt hat: Aus der dem Parteiwillen entsprechenden nur subsidiären Geltung des Eigentumsvorbehalts ist zu entnehmen, daß der Verkäufer auf die Rückforderung verzichtet hat für den Fall, daß ihm der Käufer die rechtlich noch mögliche und aufzwingbare (s. oben) Erfüllung auch nur anbietet. Tut dies also der Käufer, so steht ihm, gegenüber dem vindizierenden Verkäufer, die Einrede des § 986 I Satz 1 BGB. zur Verfügung, und er erzielt mit ihr die Abweisung der rei vindicatio. Der Umstand, daß der Grund der Einrede erst nach dem Beginne des Prozesses entstanden ist, kann ja im heutigen Rechte die Abweisung der Klage nicht hindern.[2] — Das Angebot der Erfüllung einschließlich vollen Ersatzes etwaigen Verzugsschadens hat ferner, wenn der Verkäufer durch die Nichtannahme in Gläubigerverzug gerät, die Heilung des Schuldnerverzuges zur Folge.[3] Daher kann der Verkäufer das ihm durch den Verzug gegebene Recht, den Rücktritt zu erklären oder Schadenersatz wegen Nichterfüllung zu verlangen, soweit er davon noch nicht Gebrauch gemacht hat, jetzt nicht mehr ausüben. Daß er den Rücktritt nicht mehr erklären kann, ist,

[1] Vgl. Planck II, Erl. 2e zu § 326.

[2] Vgl. Seuffert, Kommentar zur ZPO. I, A. 4 zu § 267.

[3] Vgl. Planck II, Erl. 10 zu § 284; Staudinger II, 1, Vorbem. 3a zu §§ 284 ff

wie wir sahen, insofern wichtig, als ihm dadurch die Möglichkeit genommen wird, den Eintritt der für die sekundäre Einigung gesetzten Bedingung, nämlich der Erfüllung, zu verhindern. — Eine Heilung des Verzugs mit den erwähnten Folgen ist nicht möglich, falls der Verkäufer an der Erfüllung kein Interesse mehr haben sollte,[1] was übrigens wohl nur selten der Fall sein wird, da ja unser Käufer alle Lasten und Unterhaltungskosten für die Sache trägt (vgl. unten § 10).

Wenn wir oben § 5, II, 2 gesagt haben, die Verweigerung der Erfüllung seitens des Käufers oder seines Konkursverwalters stehe dem Ausfall der (primären) Bedingung gleich, so ist dieser Satz hier zu erweitern. In dieser Verweigerung liegt ja, wie gesagt, die Erklärung des Käufers, bzw. seines Konkursverwalters für ihn, daß er darauf verzichte, auf Grund der unter Eigentumsvorbehalt erfolgten Übergabe das Eigentum an der Sache zu erwerben. Hierdurch entscheidet sich aber, daß auch auf Grund der sekundären Einigung der Käufer nicht Eigentümer werden wird; sollte sich der Käufer dennoch nachträglich zur Erfüllung entschließen und — wenn die Erfüllungsablehnung vom Verwalter ausgegangen war — der Verkäufer bereit sein, die Erfüllung als solche anzunehmen (er kann sie ja jetzt ablehnen, ohne in Verzug zu geraten), so erwirbt der Käufer das Eigentum nur auf Grund einer erneut vorzunehmenden Übereignung.

Was hier für den Fall gesagt worden ist, daß der Eigentumsvorbehalt sich als Suspensivbedingung darstellt, gilt auch dann, wenn er als Resolutivbedingung auszulegen ist. Denn auch dort geht der Parteiwille dahin, daß der Käufer sich durch Erfüllung seiner Verbindlichkeiten die Sache endgültig soll erhalten können. Der Rückfall des Eigentums beim Ausbleiben rechtzeitiger Zahlung soll lediglich zur Sicherung des Verkäufers eintreten und schließt das Fortbestehen des sekundären Übereignungswillens nicht aus.

[1] Vgl. Staub II, Exk. zu § 374 A. 114; OLG. 6 (03), 51 ff.

2. Hauptabschnitt.

Das Verhältnis der Parteien im einzelnen.

§ 8

a) Die allgemeine Rechtsstellung des Käufers und des Verkäufers auf der Grundlage der bedingten Übereignung.

Infolge der bedingten Vornahme der Übereignung bleibt das Eigentum der Sache zunächst beim Veräußerer zurück; der Käufer erwirbt es erst — und zwar ipso iure — sobald die Bedingung erfüllt wird (vgl. oben § 5 I; BGB. § 158 I).

Ist somit der Verkäufer vor dem Eintritte der Bedingung Eigentümer, so hat er grundsätzlich auch alle Befugnisse, die sich aus dem Eigentum ergeben. Dies ist besonders wichtig gegenüber den anderen Gläubigern des Käufers: Wenn diese die Sache pfänden sollten, so kann er, da er „ein die Veräußerung hinderndes Recht" hat, mit der Widerspruchsklage (§ 771 ZPO.) die Unzulässigkeit der Vollstreckung geltend machen. Er hat ferner nach außen hin volle Verfügungsmacht; er kann die Sache z. B. durch Abtretung des Herausgabeanspruchs (§ 931 BGB.) veräußern, wenn auch der Käufer dem Erwerber gegenüber dieselben Einreden (vgl. oben § 4 A und B) hat, die er dem Verkäufer entgegenhalten konnte (§ 986 II BGB.). In seinem Verhältnis zum Käufer ist der Eigentümer allerdings hinsichtlich seiner Befugnisse stark eingeschränkt: Über die Einreden, welche seiner Vindikation entgegenstehen, sprachen wir schon; er ist ferner dem Käufer gegenüber verpflichtet, alle Einwirkungen, also auch Verfügungen, zu unterlassen, durch welche das von der Bedingung abhängige Recht des Käufers vereitelt oder beeinträchtigt werden könnte; tritt dann die aufschiebende Bedingung ein, so ist eine Verfügung, insoweit als sie sich als eine solche Beeinträchtigung darstellt, unwirksam und ein etwaiger Schaden vom Verkäufer zu ersetzen (vgl. §§ 160f. BGB.).

Der Käufer hat, sobald ihm die Sache übergeben ist, zwar tatsächlich im Verhältnis zum Verkäufer eine fast eigentumsähnliche Stellung, wie wir später noch sehen werden; trotzdem ist er vor Eintritt der Bedingung nach außen hin nicht Eigentümer. Er kann grundsätzlich nicht über die Sache verfügen, es wäre ihm denn besonders erlaubt (vgl. oben § 2, A, zu 2). Allerdings finden die Vorschriften über den Schutz gutgläubiger Dritter Anwendung; und selbst bösgläubigen Drittkontrahenten gegenüber erhält eine Verfügung Wirksamkeit, sobald der Käufer, infolge des Eintritts der Bedingung, das Eigentum erwirbt (§ 185 II BGB.).

§ 9

b) Die Tragung der Gefahr für zufälligen Untergang und zufällige Verschlechterung der Sache.

I.

Wenn wir fragen, wer nach der Übergabe der Sache an den Käufer die Gefahr trägt, so meinen wir damit nicht das periculum rei, den Eigentumsverlust als solchen; denn dieser trifft selbstverständlich den Verkäufer als den Eigentümer.[1] Es handelt sich hier vielmehr um das periculum obligationis, um die Frage, wer in dem Vertragsverhältnis der Parteien die Gefahr des zufälligen Unterganges und einer zufälligen Verschlechterung der Sache trägt. Trifft diese Gefahr den Verkäufer, so bedeutet das: Er verliert, gänzlich oder teilweise, den Anspruch auf den Kaufpreis, da ihm infolge des zufälligen Unterganges oder der Schädigung die ordnungsmäßige Erfüllung seiner Verpflichtungen nicht mehr möglich ist; trifft die Gefahr den Käufer, so heißt das: Er schuldet den Kaufpreis genau so, wie wenn die Sache nicht untergegangen oder beschädigt wäre.

Es bestimmt § 446 BGB., daß bei Mobilien die Gefahr mit der Übergabe der Sache auf den Käufer übergehe. Was unter dieser „Übergabe" zu verstehen ist, darüber besteht großer Streit: Die einen sehen darin nichts weiter als eine Verschaffung des Besitzes, der tatsächlichen Herrschaft, die anderen betrachten es als selbstverständlich daß die Einräumung der vollen rechtlichen Verfügungsmacht nebenhergehen müsse. Ist das letztere richtig, so muß beim Kauf mit Eigentumsvorbehalt die Gefahr auch nach der Übergabe der Sache beim

---

[1] Vgl. Staudinger II, 1, Erl. II, 8 zu § 455.

Verkäufer bleiben.[1] Es kann nun der Sinn des Wortes „Übergabe" nur unter Berücksichtigung des dem § 446 zugrunde liegenden Prinzips ermittelt werden. Aber gerade dieses Prinzip selbst ist in der Wissenschaft durchaus noch nicht klargestellt. Ich kann mich hier nicht auf die ausführliche Erörterung dieser Frage einlassen. Ich möchte nur bemerken, daß unter dem Ausdruck „Übergabe" die Rechtsverschaffung kaum mitverstanden sein kann; denn er wird sonst im Bürgerlichen Gesetzbuch nur für „Besitzverschaffung" gebraucht und der Eigentumsverschaffung stets gegenübergestellt.[2] Ein Grund, bei der Auslegung von der sprachlichen Bedeutung der Worte abzuweichen, dürfte hier nicht bestehen. Denn es gibt einen guten Sinn, wenn man das Prinzip des Paragraphen etwa folgendermaßen bestimmt: Das Gesetz erachtet es für unbillig, dem Verkäufer, welcher eine der beiden ihm obliegenden Verpflichtungen, Eigentums- und Besitzverschaffung, erfüllt hat, die Gefahr auch noch bis zur Erfüllung der anderen Verpflichtung aufzubürden; hat der Käufer die Sachherrschaft in rechtlicher oder tatsächlicher Hinsicht erlangt, so soll ihn die Gefahr des zufälligen Untergangs oder der zufälligen Verschlechterung treffen; jedoch soll bei Mobilien die Übertragung der rechtlichen Herrschaft zum Gefahrübergange nicht ausreichen; denn hier tritt der Eigentumserwerb des Käufers äußerlich zu wenig in die Erscheinung; und das Gesetz wollte den Übergang der Gefahr an einen möglichst deutlich wahrnehmbaren Akt knüpfen.[3] Es besteht also hiernach keine Notwendigkeit, unter „Übergabe" etwas anderes als die Besitzverschaffung zu verstehen.

Auch bei dieser Auslegung könnte man noch daran zweifeln, ob die Übergabe unter Eigentumsvorbehalt der in § 446 genannten Übergabe gleichsteht. Denn wenn das Gesetz, wie wir angenommen haben, den Gefahrübergang an die Bewirkung des einen der beiden Teile der Verkäuferleistung knüpft, so heißt das: Die Übergabe kann nur dann den Gefahrübergang herbeiführen, wenn sie sich als Verkäuferleistung darstellt, wenn sie auf Grund des Kaufes geschehen ist; und da der Zweck des Kaufes die Übereignung der Sache, die endgültige Hingabe an den Käufer ist, so muß auch die Übergabe, wenigstens bei beweglichen Sachen, zu dem Zwecke der Eigentumsübertragung er-

[1] So: Dernburg BGB. II, 2 § 171 III A. 13; Oertmann, Erl. 5 zu § 455.

[2] Kahn S. 547.

[3] Vgl. Staudinger. II, 1, Erl. I, 1, b zu § 446.

folgen[1] und stets als eine endgültige Hingabe gedacht sein. Das Vorhandensein dieser letzteren Merkmale könnte nun für unseren Fall bezweifelt werden.[2] Dennoch sind sie auch hier in Wirklichkeit vorhanden. Die Übergabe erfolgt hier nicht zu einer ihrem Wesen nach nur vorübergehenden Benutzung der Sache. Das Nutzungsrecht des Käufers ist nicht in ähnlicher Weise beschränkt wie das eines Mieters oder Entleihers. Vielmehr soll er nach dem Willen der Parteien die Sache genau so gebrauchen können, als ob er schon Eigentümer wäre; nur die Verfügungsmacht ist ihm entzogen. Die Parteien wollen ja hier abgesehen von der Sicherung des Verkäufers nichts anderes als beim Kauf ohne Eigentumsvorbehalt.[3] Wenn also die Übergabe den Käufer auch nicht sofort zum rechtlichen Eigentümer macht, so ist er es im wesentlichen doch schon tatsächlich; und diese tatsächliche Herrschaft soll nach der Absicht der Parteien in die rechtliche unmittelbar übergehen, ohne daß noch eine besondere Übertragung erforderlich wäre. Es ist zwar möglich, daß der Übergang ausbleibt; aber dieser Fall soll eigentlich nicht eintreten, die Parteien wollen den Eigentumsübergang, und sie wollen ihn — zunächst tatsächlich, später rechtlich — durch die unter Eigentumsvorbehalt vorgenommene Übergabe herbeiführen. Somit können wir ruhig sagen: Die Übergabe ist als endgültige gedacht und erfolgt zum Zwecke der Eigentumsübertragung; sie ist demnach der eine Teil der vom Verkäufer geschuldeten Leistung, ist jene in § 446 gemeinte Übergabe.

Daher findet dieser Paragraph Anwendung: Es trägt der Käufer von der Übergabe an die Gefahr.[4]

---

[1] Planck II, Erl. 2, b, α zu § 446.

[2] So in der Tat: Dernburg a. a. O.; Planck II, Erl. 2 zu § 455; Endemann I § 160a A. 22.

[3] Vgl. Lazarus § 70; ähnlich Staub II, Exk. zu § 382, A. 67; SeuffA. 63 Nr. 100.

[4] Gleicher Ansicht: Kahn S. 546f.; Cosack I § 122, zu A. 8; Pudor in JW. 05, 566 (= Diss. S. 48ff.); Fischer-Henle A. 3 zu § 446; Staudinger II, 1, Erl. II, 8 zu § 455; Staub a. a. O.; JW. 02, 496; SeuffA. 62 Nr. 35; 63 Nr. 100; OLG. 8 (04), 445[d]; 13 (06), 409[p]; DJZ. 06, 659; BadRpr. 05, 352 (zit. bei Warneyer 4 Nr. 3 zu § 455); von den Dissertationen noch: Behrens S. 41; Loepert S. 49; Stern S. 32. — A. M.: Lazarus § 72; Dernburg a. a. O.; Oertmann a. a. O.; Endemann a. a. O.; Planck a. a. O.; Diss. Frey S. 33.

II.

Sobald das auf dem Kaufvertrag beruhende Besitzrecht des Käufers endigt, infolge Erhebung der replicatio non adimpleti contractus (oben § 4 B) — d. h. regelmäßig schon mit dem bloßen Begehren der Rückgabe, auch ohne ausdrückliche Erwähnung der replicatio[1] — fallen die Voraussetzungen des § 446 fort: Der Verkäufer verweigert berechtigterweise die weitere Erfüllung seiner Besitzgewährungspflicht; von diesem Augenblicke an hat der Käufer den Besitz nicht mehr in Erfüllung des Kaufes, stehen ihm, wie später zu zeigen ist (vgl. unten § 10), die Nutzungen nicht mehr zu, ist seine tatsächliche Eigentümerstellung gegenüber dem Verkäufer vernichtet. Daher trägt an und für sich für die in der Folgezeit durch Zufall eintretenden Schädigungen der Verkäufer die Gefahr. Sie kann allerdings, aus einem anderen Grunde, auch weiterhin beim Käufer bleiben: Fordert nämlich der Verkäufer die Sache erst zur Zeit der Fälligkeit des Preises zurück (also wegen Ausfalls der Bedingung), so ist der Käufer bereits in Annahmeverzug geraten und zwar nach § 298 BGB.; obwohl in unserem Falle der Verkäufer (Schuldner) vorzuleisten hatte, ist dieser Paragraph dennoch anwendbar im Augenblicke der Fälligkeit des Preises; denn jetzt stehen sich wieder zwei Zug um Zug zu bewirkende Leistungen gegenüber: die weitere Besitzgewährung und die Übereignung der Sache auf Seiten des Verkäufers, und die Preiszahlung auf Seiten des Käufers. Dadurch, daß der Verkäufer (Schuldner) dem Käufer (Gläubiger) die Sache unter Eigentumsvorbehalt übergeben, bis zur Fälligkeit belassen und so den Eigentumsübergang nur noch von der Bewirkung der fälligen Gegenleistung des Käufers abhängig gemacht hat, hat er die eigene Leistung „angeboten" und die fällige Gegenleistung „verlangt". Daher gerät der Käufer in Annahmeverzug, wenn er die Zahlung jetzt nicht anbietet, mag er auch zur Annahme der Übereignung und weiteren Besitzüberlassung an sich bereit sein. Wird nun während des Gläubigerverzuges des Käufers dem Verkäufer die Leistung aus einem von ihm nicht zu vertretenden Umstande (§ 300 I BGB.) unmöglich, so behält nach § 324 II BGB. der Verkäufer den Anspruch auf die Gegenleistung.

[1] Denn für gewöhnlich wird in der Rückforderung die Replik bereits enthalten sein; s. darüber unten S. 62, A. 1.

§ 10

c, Der Käufer hat die Nutzungen und trägt die Lasten der Sache.

§ 446 I BGB., dessen Anwendbarkeit wir soeben für unseren Fall anerkannt haben, sagt in Satz 2: „Von der Übergabe an gebühren dem Käufer die Nutzungen und trägt er die Lasten der Sache." Mindestens der erste Teil dieser Regel ist beim Kreditkauf mit Eigentumsvorbehalt selbstverständlich. Denn der Grund, weshalb der Käufer die Sache kauft, ohne sie sogleich bezahlen zu können, ist doch der, daß er die Sache braucht, d. h. zum Zwecke ihrer Benutzung haben muß. Und daß der Käufer die Lasten zu tragen hat, folgt daraus, daß er in seinem Verhältnis zum Verkäufer, abgesehen von der Verfügungsmacht, praktisch die volle Eigentümerstellung haben soll (s. oben § 9 I). Aus dieser eigentumsähnlichen Stellung folgt auch, daß dem Käufer die Nutzungen, insbesondere die Früchte, nicht nur insoweit gebühren, als sie den ordnungsmäßigen Ertrag der Sache bilden, sondern auch darüber hinaus, freilich unbeschadet seiner Erhaltungspflicht (s. unten). Über die Verteilung der Früchte und Lasten vgl. §§ 101, 103 BGB. Früchte werden hier freilich keine große Rolle spielen, da die Muttersache eine Mobilie ist; doch kommt der Eigentumsvorbehalt z. B. auch bei Viehkäufen vor;[1] hier gebühren dem Käufer insbesondere die jungen Tiere (§ 99 I BGB.), die während der Dauer seiner Nutzungsberechtigung geboren werden (§ 101 Nr. 1 BGB.). Er erwirbt das Eigentum an den Früchten, nach § 956 I BGB., mit der Trennung. Denn der Verkäufer hat ihm den Besitz der Sache eingeräumt und ihm — dies tut er, indem er sich zur Übergabe unter Eigentumsvorbehalt bereit erklärt — gestattet, sich die Erzeugnisse der Sache anzueignen. Bezüglich der Art und Weise der Benutzung ergibt sich aus dem Vertragsverhältnis nach Treu und Glauben (§ 157 BGB.), daß der Käufer, soweit ihm nicht ein anderes gestattet ist, so mit der Sache umzugehen hat, daß die Sicherheit des Verkäufers, die ja in der Sache ruht, nicht darunter leidet; er hat die

---

[1] Beispiele: BayZ. 2 (06), 381[II]; JW. 07, 315[18]; 08, 681[13]; OLG. 8 (04), 445[d].

Sache also zu schonen und ordnungsgemäß zu erhalten;[1] er hat also nicht nur keinen Anspruch gegen den Verkäufer auf Tragung der Erhaltungskosten (dies folgt schon aus der tatsächlichen Eigentümerstellung des Käufers[2]), sondern er selbst hat gegenüber dem Verkäufer geradezu die Verpflichtung, die Sache zu erhalten.

Das Recht des Käufers auf die Nutzungen hängt aufs engste mit seinem Besitzrecht zusammen, nicht nur nach § 446 I Satz 2, sondern ganz naturgemäß nach dem Sinne des Vertrages; denn der Zweck der Besitzeinräumung ist ja gerade die Benutzung der Sache. Folglich kann der Anspruch des Käufers auf die Nutzungen nicht länger dauern als sein Recht zum Besitze. Letzteres besteht, wie wir gesehen haben (vgl. oben § 4 B a. E.; § 5, II 2), auch nach dem Ende der Schwebezeit weiter, bis es durch die replicatio non adimpleti contractus des vindizierenden Verkäufers vernichtet wird. Daher geht mit diesem Augenblicke, d. h. regelmäßig schon mit dem bloßen Begehren der Rückgabe (vgl. oben § 9 II), der Anspruch des Käufers auf Gewährung der Nutzungen und dementsprechend auch seine Pflicht, die Lasten zu tragen, unter. Aber solange der Verkäufer die Replik nicht erhebt, mag auch inzwischen die Bedingung ausgefallen oder die Schwebezeit durch Erfüllungsverweigerung des Käufers[3] endigen, bleiben Nutzungsanspruch und Lastentragungspflicht des Käufers unberührt. Wenn mit der Erhebung der replicatio der obligatorische Anspruch des nicht zahlungsbereiten Käufers auf die Nutzungen erlischt, so hört damit nach dem Sinne des Vertrages selbstverständlich zugleich seine auf der Gestattung des Verkäufers beruhende Befugnis auf, sich die Früchte anzueignen (vgl. § 956 I BGB.). Denn der Verkäufer hat die Erlaubnis nur deshalb gegeben, weil er obligatorisch zur Gewährung der Nutzungen verpflichtet ist, und daher auch nur für die Zeitdauer gegeben, für welche er dazu verpflichtet ist. Erzeugnisse der Sache, die zwischen der Rückforderung und der tatsächlichen Rückgabe getrennt werden, fallen also nicht mehr in das Eigentum des Käufers.

---

[1] Über Rückforderung der Sache bei Verabsäumung dieser Pflicht vgl. oben § 5, II, 3, B zu a.

[2] Vgl. auch Lazarus § 70.

[3] Anders bei Erfüllungsablehnung seines Konkursverwalters, s. unten § 13, II, B, 2, a.

§ 11

d) Ist der Verkäufer mittelbarer Besitzer der Sache?

I. Es ist nicht unwichtig festzustellen, ob der Verkäufer, indem er dem Käufer unter Eigentumsvorbehalt den unmittelbaren Besitz einräumt, nicht selbst den mittelbaren Besitz zurückbehält.[1]

Das Bürgerliche Gesetzbuch stellt in § 868 für den mittelbaren Besitz folgende Erfordernisse auf:

1. Ein unmittelbarer Besitzer muß einem anderen gegenüber zum Besitze berechtigt oder verpflichtet sein.

2. Diese Berechtigung oder Verpflichtung muß zeitlich begrenzt sein.

3. Das gegenseitige Verhältnis der Parteien muß ein solches sein, welches den in diesem Paragraphen besonders aufgezählten Verhältnissen ähnlich ist.[2]

Die ersten beiden Erfordernisse sind hier zweifellos gegeben. Das Besitzrecht des Käufers gegenüber dem Verkäufer haben wir oben in § 4 besprochen. Dieses Recht ist, wie wir dort gesehen haben, zeitlich begrenzt. Denn es erlischt, falls die Bedingung nicht eintritt, spätestens dann, wenn der Verkäufer berechtigterweise die weitere Vorleistung verweigert (vgl. oben § 4 B, a. E.); und wenn die Bedingung eintritt, so wird der Käufer zwar Eigentümer und kann als solcher den Besitz erst recht behalten; aber sein Besitzrecht beruht jetzt auf einer anderen Grundlage, es besteht nicht mehr „gegenüber dem Verkäufer", das besondere persönliche Verhältnis ist gelöst.[3] Das letztere übersieht offenbar Planck.[4] Wir haben allerdings oben (vgl. § 9 I) betont, daß der Käufer vor dem Eintritt der Bedingung praktisch im wesentlichen dasselbe umfassende Herrschaftsrecht hat wie nachher und daß die Besitzüberlassung daher ihrem Wesen nach von Anfang an als eine endgültige gedacht ist. Man könnte an dieser Tatsache Anstoß

---

[1] Eine Zusammenstellung der Rechtsfolgen bei Pudor S. 65ff.

[2] Vgl. Strohal S. 22.

[3] Thiesing S. 244.

[4] Planck III, Erl. 2, b, β Abs. 1 zu § 868: „Der Käufer ist dem Verkäufer gegenüber nicht nur auf Zeit, sondern für den Normalfall der pünktlichen Zahlung des Kaufpreises dauernd zum Besitze berechtigt."

nehmen[1] und sagen, daß die Berechtigung des Käufers zum Besitze zwar dem Buchstaben nach zeitlich begrenzt, daß sie aber ihrem inneren Wesen nach unbegrenzt sei. Trotzdem würde man zu weit gehen, wenn man aus diesem Grunde die Anwendbarkeit des § 868 leugnen wollte. Denn es kam oben in § 9 darauf an, den Charakter der Besitzüberlassung festzustellen, während es sich hier darum handelt, nachzuweisen, daß überhaupt noch ein Band, wie es der mittelbare Besitz darstellt, zwischen den Parteien vorhanden ist. Wenn nun auch der Käufer dem Wesen nach praktisch eine Eigentümerstellung und kein beschränktes Nutzungsrecht hat, so ist doch seine Eigentümerstellung rechtlich nicht ganz uneingeschränkt. Dies geht nicht so weit, daß dadurch seine umfassende Sachherrschaft ihren Charakter verliert, aber doch weit genug, um zwischen ihm und dem Verkäufer ein Besitzmittlerverhältnis herzustellen; denn in der Tat beherrscht der Verkäufer noch die Sache, wenn auch in einem sehr geringen Grade: der Käufer ist ihm gegenüber zur Schonung und zur Erhaltung der Sache verpflichtet (vgl. oben § 10), er kann sie nicht in jeder Beziehung so gebrauchen, wie es ihm beliebt; insoweit übt der Verkäufer durch den Käufer noch die Sachherrschaft aus. Und dieser Zustand ist allerdings ein zeitlich begrenzter.

Das dritte Erfordernis des § 868, die Ähnlichkeit mit den dort aufgezählten Verhältnissen, ist dann gegeben, wenn sich der Besitz als ein dem Besitzer von „dem anderen" anvertrauter,[2] ein von ihm abgeleiteter[3] darstellt — welche von diesen Bezeichnungen die am meisten zutreffende ist, darüber brauchen wir hier keine Erörterungen anzustellen, denn es kommt für uns auf dasselbe hinaus. Beides trifft hier zu: Der Besitz ist dem Käufer anvertraut und sein Recht zum Besitze von dem Verkäufer abgeleitet.

---

[1] So dem Sinne nach Thiesing S. 247, 249: ihm folgen Loepert S. 55 und Frey S. 39. Thiesing hat diesem Gedanken augenscheinlich nicht die richtige Fassung gegeben, so daß ihn Pudor in JW. 05, 314 (= Diss. S. 59ff.) als unrichtig hinstellen konnte, ohne daß ihm, wie mir scheint, gelungen wäre, den inneren Fehler der Ansicht Thiesings aufzudecken.

[2] Vgl. besonders Strohal S. 20, 22f.

[3] Vgl. besonders Planck III, Erl. 2, b, β zu § 868; Staudinger III, Erl. I, 2, a zu § 868; Biermann, Erl. 2 zu § 868; s. auch noch Geißler S. 521f.

Demnach sind alle drei Erfordernisse des § 868 erfüllt und der mittelbare Besitz des Verkäufers nachgewiesen.[1]

II. Im Anschluß an das soeben Besprochene möchte ich noch auf eine bereits oben in § 3 a. E. aufgeworfene Frage zurückkommen. Wir sagten dort, daß bei der nachträglichen Vereinbarung eines Eigentumsvorbehalts zur Erzielung einer dinglichen Wirkung ordnungsmäßige Rückübertragung des Eigentums auf den Verkäufer erforderlich sei, die auch durch Besitzkonstitut (§ 930 BGB.) herbeigeführt werden könne; wir ließen es damals unentschieden, ob die dazu erforderliche Vereinbarung eines dem § 868 entsprechenden Verhältnisses schon in der Abmachung enthalten sei: es solle derselbe Rechtszustand bestehen, wie wenn dem Verkäufer das Eigentum vorbehalten wäre.

Es wird in der Literatur allgemein abgelehnt, hierin eine gültige Rückübertragung des Eigentums nach § 930 zu erblicken[2], und zwar mit der Begründung: Diese Vereinbarung sei kein konkretes Konstitut. Es ist allerdings richtig, daß eine Eigentumsübertragung nicht schon dadurch gültig vorgenommen wird, daß der Veräußerer zum Erwerber sagt: „Ich will die Sache für Dich besitzen", oder „Du sollst mittelbarer Besitzer der Sache sein" (abstraktes Konstitut).[3] Denn aus diesen Worten geht nicht zur Genüge hervor, daß der Erwerber durch das Mittel des Veräußerers auch wirklich eine gewisse Macht über die Sache erhalten soll; es fehlt dabei die Verabredung einer Beschränkung des Veräußerers in der Ausübung der Sachherrschaft, einer Beschränkung, die seinen Besitz als einen ihm vom Erwerber anvertrauten, sein Recht zum Besitze als ein von jenem abgeleitetes kennzeichnet. Ich meine nun aber, daß eine Vereinbarung, wie wir sie in unserem Falle haben, durchaus kein solches abstraktes Konstitut ist. Die Parteien

---

[1] Zustimmend: Staudinger III, Erl. III, 2, h zu § 868; Staub II, Exk. zu § 382 A. 63; Dernburg, BGB. III § 102, 1; Fischer-Henle arg. e contr. A. 4 zu § 868; Pudor a. a. O.; Geißler a. a. O.; RG. 54, 397; Dissertationen von Behrens (S. 38) und Stern (S. 28f.). — A. M.: Thiesing a. a. O.; Planck III, Erl. 2, b, β, Abs. 1 zu § 868; Diss. von Loepert (S. 55f.) und Frey (S. 39).

[2] So: Staub a. a. O.; ebenso daselbst § 366 A. 2; Staudinger III, Erl. 1, b, γ zu § 930; Oertmann, Erl. 6 zu § 455; RG. 54, 397f.; 49, 172f. (= DJZ. 02, 101 = Recht 02 Nr. 675).

[3] Vgl. außer den genannten Stellen: Strohal S. 91f.; Staudinger III, Erl. 1, b, β zu § 930; Planck III, Erl. 3 Abs. 1 zu § 930; JW. 02, 10.

verabreden nicht nur, daß der Käufer für den Verkäufer besitzen solle; vielmehr verlangt der Sinn des Eigentumsvorbehalts — wenn anders sie überhaupt ernsthaft einen richtigen Eigentumsvorbehalt zur Sicherung des Verkäufers beabsichtigen —, daß dem Käufer die Pflicht auferlegt wird, die Sache zu schonen, zu schützen und zu erhalten (vgl. oben § 10), m. a. W. sie als eine ihm anvertraute zu behandeln. Aus diesem Grunde sehe ich in der Vereinbarung der Parteien eine gültige Rückübertragung des Eigentums, einen — natürlich nur für die Zukunft — wirksamen Eigentumsvorbehalt.

§ 12

e) Die Rückforderung der Sache seitens des Verkäufers.

A. Die Rückforderungsklagen.

Ist der Augenblick gekommen, in dem der Verkäufer den Eigentumsvorbehalt durch Rückforderung der Sache geltend machen kann (s. oben § 5), so steht ihm hierfür zunächst auf Grund seines Eigentums die rei vindicatio zu Gebote. Er braucht sich dieses schweren Geschützes aber gar nicht zu bedienen, sich gar nicht auf sein Eigentum zu berufen und dieses daher auch nicht zu beweisen. Denn man wird ihm auf Grund der bona fides des ganzen Vertragsverhältnisses (§ 157 BGB.) eine persönliche Klage zugestehen müssen, eine Klage, die auch dann gegeben ist, wenn sich herausstellen sollte, daß der Verkäufer von Anfang an überhaupt nicht Eigentümer gewesen ist. Es würde zweifellos gegen Treu und Glauben sein, wollte der Käufer die Herausgabe verweigern, weil sein Gegner kein Eigentum gehabt hätte und es sich daher auch nicht hätte vorbehalten können. Denn es ist ja von ihnen vereinbart worden, daß jedenfalls in ihrem Verhältnis zueinander der Verkäufer die Rechte haben solle, die einem Eigentümer zustehen, der seine Sache einem Käufer unter Eigentumsvorbehalt tradiert hat. Freilich haben die Parteien hierbei nicht daran gedacht, dem Verkäufer diese Rechte auch für den Fall zu geben, daß er nicht Eigentümer wäre. Aber darauf kommt es bei der Auslegung des Vertragswillens auch nicht an; denn es werden bei Abschluß jedes Vertrages lediglich die wichtigsten Punkte von den Parteien festgelegt; Aufgabe der Auslegung erst ist es, diese Punkte durch Linien zu verbinden, um dadurch ein in allen Einzelheiten vollständiges Bild des Rechtsverhältnisses zu erhalten. Dieses Ganze ist also wie eine geometrische Zeichnung durch Punkte aufs genaueste im voraus bestimmt, wenn auch das Liniengebilde noch gar nicht sichtbar ist. Daher müssen wir stets fragen: In welcher Weise würden die Parteien, so wie wir ihre Willensrichtung aus den wenigen ausdrücklich getroffenen Bestimmungen erkannt haben, die jetzt auftauchende Frage beantwortet haben, wenn sie sie in den Bereich ihrer Abreden gezogen hätten?[1] Wenn wir nun in unserem Falle diese Frage stellen wollten, so würden wir zweifellos die Antwort erhalten, daß der Verkäufer, auch ohne Eigentümer zu sein, die Sache zurückfordern könne.[2,3] Die persönliche Rückforderungsklage ist dem Verkäufer natürlich erst dann und stets dann gegeben, wenn er als Eigentümer unter Berücksichtigung des Vertragsverhältnisses die Sache mit der rei vendicatio zurückverlangen könnte, d. h. nach Ablauf der Schwebezeit oder, im Falle eines Sicherungsbedürfnisses, auch schon vorher (vgl. oben § 5, II). — Dem persönlichen Herausgabeanspruch entspricht selbstverständlich eine besondere, sich ebenfalls aus dem Vertragsverhältnis ergebende Herausgabepflicht des Käufers. Wenn nun der erstere unter den Parteien durchaus die Stelle der rei vindicatio einnimmt, so muß folglich auch die vertragsmäßige Herausgabepflicht genau derjenigen entsprechen, die sich gegenüber der rei vindicatio aus der Tatsache des Besitzes des Käufers ergibt und zwar dann ergibt, wenn er sich auf das ganze Vertragsverhältnis und die für ihn daraus entspringenden Besitzrechte (vgl. oben § 4 A und B) beruft. Wir sahen nun oben (§ 4 B, a. E.), daß, nach Ablauf der Schwebezeit oder bei vorher eintretendem Sicherungsbedürfnis, der rei vindicatio zwar nicht mehr die Einrede aus der

---

[1] Vgl. Staudinger I A. 3 zu § 157.

[2] Daher unrichtig Bade S. 12, der behauptet, daß der Verkäufer stets Eigentümer der Kaufsache sein müsse.

3 Eine persönliche Rückforderungsklage gewähren: JW. 94, 181 f.[11]; OLG. 13 (06), 78[q]; diese beiden Entscheidungen handeln besonders von den Folgen, die sich aus der persönlichen Klage bezüglich des Gerichtsstandes ergeben; ferner OLG. 19 (09), 210; früher schon Goldschmidt I, 2 § 81, zu A. 43; vgl. auch Windscheid-Kipp I § 172 A. 19c; ähnlich ferner Siber S. 54 ff., besonders S. 58: wegen Bedingtheit des Kaufes kann er natürlich keine actio venditi, sondern nur eine actio praescriptis verbis geben.

bedingten Übereignung entgegensteht, daß aber das Besitzrecht des Käufers, welches ihm auf Grund des Kaufvertrages gegeben ist, erst dann erlischt, wenn der Verkäufer unter Geltendmachung der replicatio non adimpleti contractus wirklich die Rückgabe verlangt. Daher ist jetzt ohne weiteres klar: Auch die auf dem Vertragsverhältnis beruhende Herausgabepflicht des Käufers entsteht nicht schon in dem Zeitpunkte, in dem die persönliche Rückforderungsklage erhoben werden könnte, sondern erst dann, wenn der Verkäufer, sei es mit der rei vindicatio und unter Berufung auf die genannte Replik, sei es mit der persönlichen Klage[1], die Sache tatsächlich zurückfordert. Das Begehren der Rückgabe hat also die Bedeutung einer Kündigung; gekündigt wird das eigentümliche Gebrauchsüberlassungsverhältnis, welches zwischen den Parteien, auf Grund der Übergabe unter Eigentumsvorbehalt, besteht. Daß das Verhältnis auch nach Eintritt der Rückforderungsmöglichkeit fortdauert, bis es gekündigt wird, entspricht durchaus dem Zwecke des ganzen Geschäfts; denn auch nach diesem Zeitpunkte wird die beiderseitige Erfüllung des Kaufvertrages weiter angestrebt; nur soll sich jetzt der Verkäufer zu seiner Sicherung des Eigentumsvorbehalts bedienen können; bedarf er dieser Sicherung nicht, sieht er, daß er, auch ohne den Eigentumsvorbehalt geltend machen zu müssen, zu seinem Gelde kommen wird, so steht es ihm frei, dem Käufer die Sache weiter zu lassen und abzuwarten.

Die rei vindicatio und die persönliche Rückforderungsklage stehen dem Verkäufer in gleicher Weise zur Verfügung. Zwar behauptet

[1] Einer ausdrücklichen Geltendmachung der Replik bedarf es bei der persönlichen Klage nicht; denn da sich die Klage aus dem Vertragsverhältnis ergibt, ist ihr gegenüber eine exceptio aus dem Kaufvertrag nicht mehr nötig; die Berücksichtigung des sich aus ihm ergebenden Besitzrechts ist selbstverständlich; da aber andererseits die Rückforderung in Anbetracht dieses Besitzrechts nur unter Berufung auf die replicatio durchdringen kann, also unter Berufung auf das Recht, die eigene Leistung bis zur Bewirkung der Gegenleistung zu verweigern, so ist die persönliche Klage ohne Anwendung der Replik überhaupt nicht gegeben; und daher liegt in der Erhebung der persönlichen Klage zugleich die Berufung auf die Replik. Da sich nun der Verkäufer stets, wenn er die Sache, unter Erwähnung seines Eigentumsvorbehalts, nicht nur seines Eigentums, zurückfordert, offenbar auf das Vertragsverhältnis stützt, also die persönliche Klage anwendet, so wird man in der Rückforderung regelmäßig zugleich die Erhebung der exceptio non adimpleti contractus erblicken müssen. Über die Folgen bezüglich der Gefahrtragung und des Nutzungsrechtes des Käufers vgl. oben § 9 II, § 10.

neuerdings Siber:[1] Wenn der Beklagte gegenüber dem Vindikationsanspruche geltend mache, daß der Kläger einen persönlichen Rückforderungsanspruch gegen ihn habe, so sei dies — wenn wir von einem hier nicht vorliegenden Ausnahmefalle absehen —, nach klassischem Recht sowohl als nach modernem, Leugnen des Klagegrundes, des Vindikationsanspruches. Hiernach wäre dem Verkäufer der Weg der rei vindicatio so gut wie versperrt. Ich kann mich aber, wenigstens für das Recht des Bürgerlichen Gesetzbuchs, den Ausführungen Sibers nicht anschließen;[2] näher darauf einzugehen, ist mir im Rahmen dieser Abhandlung allerdings nicht möglich.

B. Die grundsätzliche Bedeutung der Rücknahme der Sache.

Die Rücknahme der Sache seitens des Verkäufers bedeutet die Realisierung des Eigentumsvorbehalts, mindestens den Beginn dieser Realisierung. Von der Bestimmung ihres Wesens hängt daher die Lösung einer großen Zahl von Fragen ab, und sie ist in Wahrheit der Prüfstein dafür, ob der Eigentumsvorbehalt richtig verstanden wird. Um so bemerkenswerter ist die Tatsache, daß man in der Literatur über die Rechtsfolgen, die sich an die Rücknahme der Sache knüpfen, durchaus nicht einerlei Meinung ist.

Ich muß im voraus bemerken, daß wir natürlich nur von dem juristischen Normalfalle reden, in welchem die Rückforderung nicht schon eine Rücktrittserklärung enthält (vgl. oben § 7 I).

1. Als erste, extreme Ansicht möchte ich die in Seufferts Archiv Bd. 25 Nr. 243 dargelegte anführen.[3] Grundlegend sind dort folgende Sätze: „Durch Rückgabe der Kaufsache wird keineswegs der ganze Kaufvertrag aufgelöst, sondern lediglich die aus demselben entsprungene Zahlungsverbindlichkeit des Käufers insoweit erfüllt, als die Forderung des Verkäufers und der damalige Wert sich decken"

[1] Siber S. 257; zustimmend Sohm, Institutionen § 65 A. 13; wohl auch Olshausen S. 474.

[2] So auch Meyer S. 380f.

[3] Dieser Ansicht folgen: Bumke S. 30; Bade S. 65ff., im Widerspruche zu seinen Behauptungen auf S. 78 bezüglich der Fortdauer des Kaufvertrags; Loepert S. 41ff. und S. 60, gegen seine Behauptungen auf S. 35.

(S. 1035[1]); „Die res soll dem Verkäufer loco pretii dienen" (S. 1036); „erreicht deren Wert den Betrag der Kaufgeldsforderung nicht, so bleibt das plus dieser in obligatione; decken sich beide, so ist die Schuld getilgt; ergibt der erstere einen Überschuß, so gebührt solcher dem Käufer, wie das superfluum, die hyperocha beim Pfande" (S. 1037). Ist hiernach die Schuld völlig oder teilweise getilgt, so ist klar, daß — im Sinne dieser Ansicht — der Verkäufer jetzt nicht etwa noch verpflichtet sein kann, dem Käufer die Sache wieder zu übergeben und zu übereignen. Dies wird zwar in der zitierten Entscheidung nicht ausdrücklich gesagt, ergibt sich aber mit Notwendigkeit, wenn überhaupt, wie hier, die Meinung aufgestellt wird, daß die Rückgabe der Sache an den Verkäufer die Zahlungsverbindlichkeit des Käufers mindestens zu einem Teile zum Erlöschen bringe. Denn wenn „die Sache loco pretii dient", dann wird sie wie ein Vermögensstück des Käufers behandelt; diese Tatsache erfordert die Fiktion, daß der Verkäufer dem Käufer das Eigentum bereits übertragen hat: daher kann er jetzt nicht noch einmal dazu verbunden sein. Man kommt wohl am besten zum Verständnis dieser Anschauung, wenn man das vorbehaltene Eigentum als ein lediglich fiduziarisches betrachtet. Zwar verfährt man heutzutage, wenn ein Gläubiger zu seiner Sicherung eine Sache fiduziarisch übereignet erhalten hat, etwas anders: Gewöhnlich bedeutet dann die Herausgabe der Sache nicht unmittelbar seine Befriedigung, vielmehr hat er sie zu diesem Zwecke für Rechnung seines Schuldners zu verwerten. Dem Wesen nach ist aber seine Eigentümerstellung genau dieselbe wie die des Verkäufers nach der hier besprochenen Ansicht: In beiden Fällen richtet sich der Umfang ihres Eigentums, in ihrem Verhältnisse zum Schuldner, nach der Höhe der ausstehenden Forderung. Daß dem Verkäufer hier der Sachwert unmittelbar auf die Forderung angerechnet wird, dagegen einem fiduziarischen Eigentümer heutzutage gewöhnlich erst der bei der Verwertung erzielte Erlös, das ist ein nebensächlicher Unterschied. Demnach wäre die Sache hier so aufzufassen, als ob der Verkäufer den Vertrag bereits durch Übergabe und Übereignung erfüllt, der Käufer ihm aber — da er gerade keine andere Sache zur

---

[1] Die Zahlen bezeichnen die Seiten des 5. Bandes des neueren Abdrucks = Bd. 21—25 des ersten Abdrucks.

Verfügung hatte — die Kaufsache selbst unter Besitzkonstitut zu Eigentum wieder übertragen hätte. Daß der Gedanke eines fiduziarischen Eigentums den bei Seuffert aufgestellten Behauptungen zugrunde liegt, geht auch aus folgenden in Nr. 242 desselben Bandes von demselben Gericht ausgesprochenen Sätzen hervor: „Die Sache soll, gleich einem Pfande, lediglich ..... für die Zahlung haften"; ferner: „er behält sich das Eigentum .... vor .... nicht, um im Falle ausbleibender Zahlung die Sache wiederzuerlangen, sondern in der Tat nur, um durch diese zu seiner Befriedigung zu gelangen" (S. 1034). Tritt also der Fall des Sicherungsbedürfnisses ein, so kann der Verkäufer die Sache zwar zurückfordern, aber nur zu dem unmittelbaren Zwecke seiner Befriedigung. Bezeichnend ist, daß in diesen Darlegungen (S. 1034) jener Denckerschen Äußerung[1] so große Bedeutung beigemessen wird: dem vorbehaltenen Eigentum liege kein selbständiges Interesse zugrunde; es diene nur zur Realisierung eines anderen Rechts, des Anspruches auf den Kaufpreis. Man will also das Eigentum des Verkäufers nicht ohne Einschränkung, wie es nach dem Wortlaut der Parteierklärungen eingeräumt ist, anerkennen; man errichtet vielmehr — vermeintlich aus der bona fides des Vertrages — eine Schranke, die das unumschränkte Eigentum zu einem fiduziarischen herabdrückt. — Hieraus ergeben sich jetzt ohne weiteres die bei Seuffert (S. 1037)[2] auch in der Tat gezogenen Folgerungen:

Ob und inwieweit mit der Herausgabe die Forderung des Verkäufers als getilgt erscheint, dafür ist schlechthin der dermalige Wert der Sache maßgebend ohne Rücksicht darauf, wodurch der Wert in der Zwischenzeit etwa verringert, erhöht oder erhalten worden ist; der Nachteil einer Verringerung, der Vorteil einer Erhöhung trifft lediglich den Käufer.[3] Daher hat der Verkäufer alles, was ihm durch Rückempfang der Sache über den geschuldeten Kaufpreis hinaus zu-

[1] Dencker S. 93.

[2] Ebenso Bumke S. 29f., Bade S. 66ff. und Loepert S. 42f.

[3] Der Käufer trägt also nicht nur das periculum obligationis, sondern auch das periculum rei (vgl. oben § 9, I); für das fiduziarische Eigentum zur Sicherung wegen einer Forderung ist das durchaus logisch; denn für den Umfang der Befugnisse, welche dem Gläubiger hieraus im Innenverhältnis an der Sache zustehen, ist allein die Höhe der Forderung maßgebend; daher regelt sich auch die dingliche Gefahrtragung genau so wie die schuldrechtliche.

gekommen ist, ohne weiteres als Bereicherung wieder herauszugeben, mag dieser Überschuß nun in einer Anzahlung oder in Verwendungen des Käufers auf die Sache oder selbst in einer zufälligen (!) Steigerung des Wertes der Sache seinen Grund haben.

So deutlich wie an dieser Stelle bei Seuffert sind die erwähnten Grundsätze anderwärts nicht ausgesprochen worden. A. Leonhardt steht jedoch im wesentlichen offenbar auf demselben Standpunkte; auch er betrachtet augenscheinlich die Rückgabe der Sache als unmittelbare Befriedigung des Verkäufers und gibt ihm die actio venditi auf den rückständigen Schuldbetrag dann nur noch insoweit, „als dieser nicht durch den gemeinen Wert des zurückgegebenen Objekts gedeckt wird".[1] Die Grundlage dieser Auffassung bildet, genau wie bei Seuffert, die Überzeugung, „daß man, wenn man von dem Begriffe eines absolut privilegierten Pfandrechts ausgeht, die Idee des reservierten Eigentums ihrem allgemeinen Wesens nach, mit Rücksicht auf den materiellen Bestand richtig erfaßt habe".[2] Das letztere ist auch Dunckers Meinung;[3] er kommt aber bezüglich der Bedeutung der Rücknahme zu anderen Ergebnissen, weil er ja in Rückforderung und Rückgabe der Sache die vertragsmäßige Auflösung des Kaufkontrakts erblickt (vgl. oben § 7, I, 1).

Die eben geschilderte Anschauung hat ihren Ursprung in jener Zeit, wo man den Eigentumsvorbehalt als ein wirkliches Pfandrecht, eine Hypothek auslegte (s. oben § 2 B). Nachdem man die Unmöglichkeit dieser Interpretation eingesehen und sich dazu bequemt hatte, den Verkäufer als Eigentümer anzuerkennen, blieb man immer noch auf halbem Wege stehen und sagte: Er hat zwar kein Pfandrecht, sondern Eigentum; aber er kann das Eigentum nur so ausüben, als ob es ein Pfandrecht wäre! Es gab schon damals einzelne Juristen, die damit nicht einverstanden waren (s. S. 67 Anm. 1); und heute haben wir nun jene Anschauung im allgemeinen aufgegeben; aber innerlich ganz überwunden haben wir sie noch nicht. Ich habe sie daher ausführlich geschildert, um nunmehr an den noch jetzt vorhandenen Spuren den Zusammenhang mit jener früheren Betrachtungsweise darlegen zu können.

---

[1] A. Leonhardt S. 264.

[2] A. Leonhardt S. 271.

[3] Vgl. Duncker S. 92f.

2. Allgemein anerkannt ist heute, daß der Verkäufer auch nach Rückempfang der Sache, solange er nicht den Rücktritt erklärt hat, zur Leistung Zug um Zug verpflichtet bleibt, selbst wenn der Wert der Sache den Kaufpreisrest voll decken sollte.[1] Und zwar kann nicht nur der Käufer gegen Angebot des vollen Kaufpreisrestes die Sache wieder herausverlangen, sondern auch der Verkäufer den noch ausstehenden Teil der Zahlung unter Angebot der Sache fordern. Hiermit befinden wir uns im schroffsten Widerspruche zu der bei Seuffert geschilderten Auffassung. Wir stehen also damit grundsätzlich auf dem Standpunkte, daß der Verkäufer durch den Wiederempfang der Sache in keiner Weise hinsichtlich seines Anspruches auf Zahlung Befriedigung erlange und daß andererseits der Käufer sich durch Rückgabe der Sache auch nicht zum geringsten Teile von seiner Zahlungsverbindlichkeit befreie. Wäre das Umgekehrte richtig, so würde damit — wie oben ausgeführt — die Sache wie ein Vermögensstück des Käufers behandelt, demnach die Übertragung des Eigentums auf den Käufer als bereits geschehen fingiert und daher eine Fortdauer der Übereignungspflicht des Verkäufers (wie sie von den unten in Anm. 1 zitierten Schriftstellern angenommen wird) ausgeschlossen.

Von diesem modernen Standpunkte aus — anders bei Seuffert, s. oben 1 — kann naturgemäß der Verkäufer nicht verpflichtet sein, Anzahlungen insoweit als Bereicherung herauszugeben, als sie zusammen mit dem jetzigen Werte der zurückerhaltenen Kaufsache den Betrag seiner Preisforderung übersteigen. Er ist nicht im geringsten bereichert, er hat ja den ganzen Preis zu fordern und hat nur einen Teil erhalten; die Kaufsache ersetzt ihm keineswegs den Unterschied, dient ihm nicht als Zahlung; denn er muß sie ja dem Käufer, wenn dieser den Rest zahlt, wieder herausgeben. Daß er doch bereichert sei,

[1] Bolze 23 Nr. 491; Dernburg, BGB. II, 2, § 171, III, zu A. 14; Endemann I, § 160a A. 24; Leist S. 55 Abs. 1; JW. 07, 315[18]; vgl. auch RG. 67, 386; Dissert.: Behrens S. 49, Bade S. 78 (im Widerspruch zu S. 65ff.), Loepert S. 35 (im Widerspruch zu S. 41ff.). Pudor S. 48, Stern S. 37. Aus früherer Zeit bemerkenswerterweise schon: SeuffA. 5 Nr. 156, a, α; Goldschmidt I, 2 § 81, nach Note 45; Gensler, S. 292, bezeichnet es als sonderbar, unter dem vorbehaltenen dominium ein anderes Eigentum als dasjenige zu verstehen, welches der Verkäufer seither gehabt hatte, erkennt also offenbar keine Beschränkung des Verkäufers in der Ausübung seines Eigentums an.

behauptet, ohne Gründe dafür anzugeben, das Reichsgericht.[1] Ihm folgen Crome (irrig Pudor S. 48) und Staub, offenbar auch Planck, Endemann, Oertmann und Staudinger.[2] Staub (a. a. O.) handelt nur folgerichtig, wenn er weiterhin meint: der Käufer könne auch für seine auf die Kaufsache gemachten Verwendungen insoweit Ersatz fordern, als die durch sie bewirkte Wertsteigerung der Sache den Betrag seiner Verpflichtungen übersteige.[3]

Im Gegensatz zum Reichsgericht und den erwähnten Schriftstellern wollen Leist[4] und Dernburg[5] von den Bereicherungsansprüchen des Käufers nichts wissen. Sie halten sie zwar, um Dernburgs Worte zu gebrauchen, für „nicht unbillig", aber für „nicht leicht juristisch zu begründen". Sie dürften damit Recht haben! Juristisch zu begründen sind die erwähnten Ansprüche, vom Standpunkte der modernen Anschauung des Eigentumsvorbehalts aus, überhaupt nicht. Denn es sind Reste jener veralteten Auffassung, die wir in Seufferts Archiv fanden. Aber — sie sind „nicht unbillig". Denn es kann vorkommen, daß ein Käufer, der bis zum Tage der Fälligkeit den vollen Preis nicht aufgebracht hat, auch künftig nicht den Rest nachzuzahlen in der Lage ist. Dann wird der Verkäufer, der den Rücktritt nicht gewählt hat, die Sache, auf die der Käufer vielleicht noch Verwendungen gemacht hat, samt der Anzahlung ungestört genießen

---

[1] RG. 7, 151; 67, 386; JW. 07, 315[18].

[2] Vgl. Crome II § 212, zu A. 71; Staub II, Exk. zu § 382, A. 64. — Planck II, Erl. 2 zu § 455, Endemann I § 160a, A. 24, und Oertmann A. 1 zu § 455, sprechen nur den auch vom RG. (7, 150) anerkannten Grundsatz aus, daß die Vindikation nicht bedingt sei durch Rückgewähr der Anzahlungen (vgl. oben § 7, I, 1), und führen als Beleg die Reichsgerichtsentscheidung vorbehaltlos an; daraus möchte ich entnehmen (a. M. Pudor S. 48), daß diese drei Schriftsteller mit der vom höchsten Gerichtshof verteidigten Ausnahme einverstanden sind, daß das Behalten der Anzahlungen nicht zu einer Bereicherung des Verkäufers führen dürfe. Staudinger II, 1, Erl. 4 zu § 455, verweist auf Oertmann. Von Diss. s. Behrens S. 46.

[3] Er führt RG. 49, 190 an; dort liegen aber die Verhältnisse infolge der Nichterfüllung nach § 17 KO. wesentlich anders, vgl. unten § 13, II, B, 2, besonders e, β.

[4] Leist S. 57.

[5] Dernburg, BGB. II, 2 § 171 A. 15. Ihm folgen Pudor S. 47, Stern S. 36 und zum Teil auch Frey S. 52, vgl. S. 54 Satz 3.

können, ohne erstere je wieder herausgeben zu müssen.[1] Das ist gewiß kein erfreuliches Ergebnis. Und dieses allein ist offenbar der Grund, weshalb das Reichsgericht und die übrigen Vertreter seiner Meinung das Bedürfnis empfunden haben, den Verkäufer zur Herausgabe alles dessen zu verpflichten, was er über seine Kaufpreisforderung hinaus empfangen hat. Und so ist der Wunsch der Vater des Gedankens geworden, und man hat die „juristische Grundlage" dieser „billigen Ansprüche" des Käufers in der noch nicht ganz erloschenen Überzeugung gefunden, daß doch eigentlich die zurückempfangene Sache dem Verkäufer nur „loco pretii", nur „zur Befriedigung wegen des Kaufpreises" diene. Dabei mußte man, wie gezeigt, mit der modernen Theorie des Eigentumsvorbehalts in Widerspruch geraten.

3. Es erhebt sich nun die Frage: Ist denn überhaupt die moderne Auffassung des Eigentumsvorbehalts die richtige? Oder ist die Tatsache, daß das Reichsgericht und hervorragende Gelehrte auch noch daneben die alte Theorie zu Hilfe nehmen, ein Beweis für die Unbrauchbarkeit und daher Unrichtigkeit der neuen? Dies soll im folgenden untersucht werden.

Da das Institut des Eigentumsvorbehalts eine Schöpfung des Verkehrs und nicht der Wissenschaft ist,[2] so können wir die Richtigkeit der juristischen Theorie nur daran erkennen, daß die aus ihr sich ergebenden Folgerungen dem Willen der Parteien entsprechen. Prüfen wir also! Da sagt z. B. die alte Theorie: Hat die Sache infolge allgemeiner Preissteigerung an Wert gewonnen, so ist der Verkäufer, wenn er sie zurückfordert, verpflichtet, diesen Überschuß herauszuzahlen; denn er ist auf Kosten des Käufers um soviel bereichert. „Auf Kosten des Käufers?", wird der Verkäufer erstaunt fragen, „die Sache ist ja mein gewesen und geblieben, und der Käufer hat keinen Pfennig aufzuwenden gehabt, um ihren Wert zu erhöhen." Der Verkäufer wird also die vorstehende Behauptung gar nicht begreifen, und zwar deshalb nicht, weil er von einer ganz anderen Grundanschauung ausgeht: Er wähnt sich wirkliches, nach innen und außen unumschränktes Eigentum vorzubehalten, und die alte Theorie gibt ihm nur fiduziarisches. Sie macht es nicht viel besser als die Juristen des 18. Jahr-

[1] Vgl. Cohen S. 719, 1.
[2] Cohen S. 705, 709 Abs. 2, 718.

hunderts; wie jene sagten: „Die Parteien, die dem Verkäufer das Eigentum vorbehalten, meinen damit nur ein Pfandrecht", so sagt sie: „Sie meinen zwar kein Pfandrecht, aber sie wollen auch kein volles Eigentum gegenüber dem Käufer, sondern nur ein fiduziarisches." So werden die Parteierklärungen in einschränkendem Sinne ausgelegt, ohne daß die Parteien selbst diese Einschränkung auch nur mit einem Worte andeuten. Als einzigen Grund dieser Auslegung führt die alte Theorie den Zweck des Eigentumsvorbehalts ins Feld. Dieser Zweck wird zutreffend bestimmt als lediglich der, den Verkäufer wegen seiner Kaufpreisforderung zu sichern.[1] Es ist daher auch richtig, wenn Duncker (S. 93) meint: Der Eigentumsvorbehalt verfolge kein selbständiges Interesse, er habe nur subsidiäre Bedeutung. Diese Sätze führen aber nicht zu den bei Seuffert gezogenen Folgerungen. Sie besagen nur, daß die Geltendmachung des Eigentumsvorbehalts ausgeschlossen ist, wenn der Verkäufer für seine Kaufpreisforderung der Sicherung nicht bedarf (vgl. oben S. 46); sie beschränken die Ausübung des vorbehaltenen Eigentums nur zeitlich, nicht dem Umfange nach.

Letzteres würden sie nur dann tun, wenn das Eigentum lediglich zur Befriedigung des Verkäufers wegen seiner Forderung vorbehalten wäre. Denn „Befriedigung" und „Sicherung" ist zweierlei. Wäre das Eigentum zur Befriedigung bestimmt, so würde damit der Verkäufer in seinem Verhältnisse zum Käufer verbunden sein, seine Eigentümerbefugnisse nur insoweit auszuüben, als dies zu seiner Befriedigung erforderlich ist. Er wäre in diesem Innenverhältnis im wesentlichen wie ein Pfandgläubiger gestellt. Das Ergebnis wäre folgendes: Eine Verwertung der Sache könnte er nur für Rechnung des Käufers vornehmen, d. h. er müßte den Erlös insoweit an ihn herauszahlen, als er den ausstehenden Forderungsrest übersteigt; wenn der Verkäufer seine Preisforderung in das Schuldnervermögen vollstrecken lassen wollte, so könnte ihn der Käufer, analog den Bestimmungen beim Pfandrecht (§ 777 ZPO.), auf die an ihn zurückgegebene und zur Befriedigung bestimmte Sache verweisen;[2] ferner könnte im Konkurse des Käufers dem Verkäufer, analog § 127 KO., eine Frist zur Verwertung der Sache gesetzt werden. Von alledem ist in unserem Falle nicht die

---

[1] SeuffA. 25 S. 1033 Nr. 242; RG. 7, 150.
[2] Vgl. Staub II § 368 A. 99 Abs. 2 und A. 86.

Rede. Denn mit keinem Worte wird gesagt, daß das zurückbehaltene Eigentum zur Befriedigung wegen der Preisforderung bestimmt sei. Daß es dazu dienen könne, wird allerdings nicht ausgeschlossen, und wir werden später sehen, daß diese Befriedigung durch den Eigentumsvorbehalt sogar mit bezweckt wird; er ist aber keineswegs allein auf diesen Zweck gerichtet, sondern verfolgt ganz allgemein nur die Sicherung des Verkäufers. Der Gedanke ist dabei folgender: Der Verkäufer bewirkt seine geschuldete Leistung zunächst nur in tatsächlicher Hinsicht, gibt aber seine Rechtsstellung noch nicht auf; vermöge dieser kann er nun, bei Ausbleiben der Gegenleistung, auch das tatsächlich Ausgelieferte im wesentlichen wieder zurückziehen, gewissermaßen wie an einem Bande. So behält er gleichsam seine eigene Leistung so lange in der einen Hand, bis er die vorläufig noch unsichere Gegenleistung mit der anderen Hand schließlich hereinnimmt. Er gibt also das, was er hat, nicht eher auf, als bis er alles, was er bekommen soll, vollständig empfängt. Das ist eine Weisheit, die jeder exceptio non adimpleti contractus zugrunde liegt. Wie darin eine inhaltliche[1] Beschränkung der zurückgehaltenen Rechte gegenüber dem Käufer liegen soll, ist nicht einzusehen.

In gewisser Hinsicht tritt allerdings eine Beschränkung des Eigentümers auch dann ein, wenn, wie wir beweisen wollen, die Rücknahme der Sache grundsätzlich nicht die Befriedigung des Verkäufers zur Folge hat. Denn dann bleibt natürlich nicht nur seine Kaufpreisforderung, sondern auch der Anspruch des Käufers auf die Sache bestehen, und der Verkäufer bleibt verpflichtet, sie diesem gegen Bewirkung der Gegenleistung zu übergeben oder zu übereignen; diese Verpflichtung hindert ihn jetzt am freien Gebrauche seines Eigentums; denn wenn er die Sache für eigene Rechnung verwerten oder wenn er sie vernichten würde, so würde er dem Käufer, falls dieser später doch noch die Gegenleistung erbringen sollte, dafür haften, daß ihm durch eigene Schuld die Lieferung der Sache unmöglich geworden ist. Es wäre nun ein großer Fehler, wenn wir wegen dieser Gebundenheit sein Eigentum als ein fiduziarisches betrachten wollten! Denn diese Beschränkungen treffen ihn nur in seiner Eigenschaft als Verkäufer, nicht

[1] Zum Unterschied von der zeitweiligen Verhinderung an der Ausübung der Eigentümerbefugnisse, die selbstverständlich während der Besitzberechtigung des Käufers platzgreift.

aber als Eigentümer. Sein Eigentum ist auch gegenüber dem Käufer uneingeschränkt. Er ist an sich berechtigt, die zurückempfangene Sache für eigene Rechnung zu verwerten, sie zu vernichten oder sonst nach Belieben mit ihr zu verfahren. Er macht sich dadurch allerdings unter Umständen haftbar, aber nicht etwa wegen Überschreitung seiner Eigentümerbefugnisse, sondern nur wegen der dadurch gleichzeitig herbeigeführten Unmöglichkeit der Vertragserfüllung. Daher ist er rechtlich in seinem Eigentum nicht eingeschränkt, sondern höchstens tatsächlich, weil er eben in derselben Person nicht nur Eigentümer, sondern auch Verkäufer der Sache ist.

Steht hiermit fest, daß der Verkäufer auch in seinem Verhältnis zum Käufer voller Eigentümer ist, so ist damit die Richtigkeit der modernen Auffassung des Eigentumsvorbehalts erwiesen. Denn dann kann die bloße Rücknahme der Sache, die ja nie aufgehört hat, in seinem Eigentum zu stehen, nicht seine Befriedigung zur Folge haben; er nimmt sie nur wieder an sich, um das, was er rechtlich noch hat, auch tatsächlich festzuhalten, weil das, was er zu fordern berechtigt ist, vorläufig ausbleibt. Somit hat die Rücknahme zunächst keinen anderen Zweck als den ganz allgemeinen der Sicherung.[1] Sie läßt überhaupt den Kaufvertrag unangetastet, so daß beide Teile nach wie vor zur Leistung Zug um Zug verbunden bleiben (anders nur im Konkurse des Käufers bei Erfüllungsablehnung des Verwalters; daher hat dort die Rückgabe der Sache eine ganz andere Bedeutung; s. darüber unten § 13 II B c bis e).

4. Da wir erkannt haben, daß die heute allgemein angenommene Theorie des Eigentumsvorbehalts die richtige ist, so müssen wir sie auch in allen Punkten genau durchführen! Wir dürfen daher die Fehler des Reichsgerichts und seiner Anhänger nicht mitmachen und dürfen den Verkäufer unter keinen Umständen, weil er sich wieder im Besitze der Sache befindet, als durch eine Anzahlung des Käufers bereichert ansehen; ebensowenig kann für uns der Satz maßgebend sein, daß der Verkäufer Verwendungen des Käufers insoweit zu vergüten habe, als durch sie der Wert der Sache den Betrag der Verpflichtungen des Käufers aus dem Kaufe übersteige (Genaueres unter C). Und wenn

[1] Dernburg a. a. O. § 171 III zu A. 14 ist der einzige, der diesen Satz klar ausspricht.

wir auch in alledem eine gewisse Unbilligkeit empfänden, so könnten wir doch darum keine Bereicherung anerkennen. Denn der Begriff der Bereicherung bestimmt sich nicht — wenigstens nicht unmittelbar — nach dem Parteiwillen. Noch weniger können wir aus den Umständen die direkte Vereinbarung einer Verbindlichkeit des Verkäufers zur Herausgabe des Überschusses entnehmen; denn nach dem Sinne des Eigentumsvorbehalts, den wir ja im engsten Anschluß an die Auffassung der Parteien auszulegen bemüht waren, hat der Verkäufer auch nach Rückempfang der vollwertigen Sache immer noch den ganzen Kaufpreisrest zu beanspruchen; und wir können unmöglich annehmen, daß er diesen Anspruch nur dann haben soll, wenn der Käufer in der Lage ist, ihn voll zu befriedigen, aber dann nicht, wenn der Käufer den Rest nicht mehr erschwingen kann, nachdem er eine Anzahlung geleistet hat, die mit dem Werte der zurückgegebenen Sache die Höhe des Kaufpreisrestes erreicht. Ich glaube überhaupt, daß Fälle, in denen ein Behalten der Sache und der Anzahlung seitens des Verkäufers wirklich zu einer Unbilligkeit führt, recht selten sind. Eine solche Unbilligkeit kann doch nur dann vorliegen, wenn die Sache erheblich mehr wert ist als der noch ausstehende Kaufpreisrest. Bei solcher Lage der Dinge wird sich aber, wenn der Käufer zahlungsunfähig ist, leicht ein Gläubiger finden, der die Gelegenheit wahrnimmt, durch Nachzahlung dieses verhältnismäßig geringen Restes an Stelle des Käufers sich selbst in der Sache ein Befriedigungsobjekt für eigene Ansprüche gegen den Käufer zu schaffen; auf diese Weise wird die Sache zur Deckung anderweiter Schulden des Käufers, d. h. in seinem Interesse, verwendet; und damit ist für ihn jede Unbilligkeit verschwunden. Übrigens gewährt ihm ja in einer großen Anzahl von Fällen der § 5 AbzG. ausreichenden Schutz (vgl. oben § 7, I, 2). Und sollte der Verkäufer von Anfang an mit der Unzulänglichkeit des Vermögens beim Käufer gerechnet haben und nun, nachdem er einen erheblichen Teil des Preises erhalten hat, die Sache zurückfordern, so könnten wir unter Umständen auch zu § 138 BGB. greifen und das ganze Geschäft als unsittlich behandeln.[1]

5. Wenn wir nun die neue Theorie auch rückhaltlos anerkannt haben, so dürfen wir nicht übersehen, daß die alte Theorie einem an

---

[1] So richtig Pudor S. 48, Stern S. 36.

sich durchaus richtigen Gedanken entsprungen ist, nämlich dem, daß der Eigentumsvorbehalt die Aufgabe hat, ein Pfandrecht zu ersetzen;[1] dieses Pfandrecht war früher die im Verkehr unbrauchbare Immobiliarhypothek des Gemeinen Rechts und ist heute unter der Herrschaft des Bürgerlichen Gesetzbuchs die grundsätzlich nicht zugelassene Mobiliarhypothek (vgl. oben § 1). Ein Pfandrecht hat aber den ausgesprochenen Zweck, die Befriedigung des Gläubigers zu vermitteln, nicht nur allgemein die Sicherung. Daher ist anzunehmen, daß auch der Eigentumsvorbehalt nach dem Willen der Parteien ein Mittel zur Befriedigung sein soll. Die alte Theorie beging hier den Fehler, daß sie die Befriedigung als den alleinigen Zweck des Vorbehalts bezeichnete und letzteren somit einschränkend auslegte. Dazu ist gar kein Anlaß vorhanden; denn es hat, wie wir sahen, einen sehr guten Sinn, dem Verkäufer sein Eigentum uneingeschränkt vorzubehalten; der Eigentumsvorbehalt ist ein durchaus selbständiges Sicherungsmittel; und wenn ihn die Parteien gewählt haben als Ersatz für ein anderes, vom Gesetz nicht zugelassenes Sicherungsmittel, so ist das durchaus kein Grund, ihm nun alle diejenigen charakteristischen Eigenschaften abzusprechen, welche jenes andere Mittel, das er vertreten soll, nicht hat. Wohl aber läßt sich umgekehrt sagen: Wenn letzteres gewisse Eigenschaften aufweist, die dem Eigentumsvorbehalt wegen seines allgemeineren, unbestimmteren Charakters nicht ohne weiteres gegeben sind, die er jedoch vermöge seines weiteren Umfanges sehr wohl in sich aufzunehmen in der Lage ist, dann wird er sie wohl nach dem Willen der Parteien auch haben sollen. Eine solche Eigenschaft ist die Möglichkeit der Befriedigung durch Verwertung der Sache für Rechnung des Schuldners. Das Eigentum, als das umfassendste dingliche Recht, kann zu diesem Zwecke nicht weniger geeignet sein als das Pfandrecht. Durch Zulassung einer solchen Verwertung verändern wir den Charakter des Eigentums nicht im mindesten. Wir wollen dem Verkäufer diese Befugnis ja neben allen übrigen aus dem vollen Eigentum fließenden Rechten geben; ihre Ausübung soll ganz in seinem Belieben stehen. Daher hat auch der Rückempfang der Sache zunächst noch nicht die Bedeutung der Befriedigung, sondern erfolgt, wie wir festgestellt haben,

[1] Vgl. Endemann I § 157b, A. 9; ähnlich auch Jaeger, 3. und 4. Aufl., A. 15 zu § 26 a. E.

nur ganz allgemein zur Sicherung. Wir machen uns also durchaus nicht wie das Reichsgericht einer Vermengung der beiden Theorien schuldig.

Bestimmend für die Gestattung der Verwertung für Rechnung des Schuldners sind namentlich folgende Erwägungen:

a) Für den Verkäufer besteht ein entschiedenes Bedürfnis nach dieser Möglichkeit. Dies tritt besonders dann hervor, wenn der Käufer nach Leistung einer Anzahlung den Rest nicht mehr erbringen kann und voraussichtlich auch in Zukunft nicht wird erbringen können: Es wird jetzt für den Verkäufer nur dann einen Wert haben, die zurückempfangene Sache zu behalten, wenn er persönlich Verwendung für sie hat. Kann er sie nicht benutzen, so wäre zwar in anderen Fällen denkbar, daß er die einbehaltene Sache als Druckmittel verwertete, indem er den ihrer dringend bedürfenden Schuldner durch ihre Vorenthaltung anfeuerte, alles daran zu setzen, um den Preis aufzubringen. Aber daran ist hier deshalb nicht zu denken, weil wir ja von der Voraussetzung ausgehen, daß die Vermögensverhältnisse des Käufers so schlecht sind, daß er den Preis überhaupt nicht mehr erschwingen kann. Daher liegt jetzt die Bedeutung des Eigentumsvorbehalts für den Verkäufer nicht in einem Behalten der Sache, sondern nur darin, sie zu Gelde zu machen. Dies kann auf zweierlei Weise bewerkstelligt werden, entweder für Rechnung des Käufers, d. h. unter Anrechnung auf die Kaufpreisschuld, oder für eigene Rechnung des Verkäufers und ohne solche Anrechnung. Letzteres zu tun, kann er aber nicht wagen, solange er noch in die Lage kommen kann, dem Käufer die Sache wieder ausliefern zu müssen. Dies ist aber, solange der Vertrag besteht, selbst bei schlechtester Vermögenslage des Käufers nie ganz ausgeschlossen, da ja auch ein Dritter für ihn zahlen kann (§ 267 BGB.). Der Verkäufer wird daher, um diesen Weg der Verwertung gefahrlos betreten zu können, vorher den Vertrag durch Rücktritt zur Auflösung bringen müssen. Nun ist der Rücktritt zwar dann ein sehr brauchbares Mittel, falls die Sache ihren Wert behalten oder sogar, infolge allgemeiner Preissteigerung, an Wert gewonnen hat; wenn jetzt der Verkäufer den Vertrag auflöst, so kann er die Sache ja zu einem besseren Preis als früher, mindestens aber zu demselben Preise verkaufen, wird also dabei nichts verlieren. Hat sich dagegen der Wert der Sache verringert, insbesondere im Zusammenhang mit den allgemeinen wirtschaftlichen Verhältnissen, so würde sie der Verkäufer nur zu einem schlechteren Preise losschlagen können und würde dafür auch keine Entschädigung in der vom ersten Käufer bereits erhaltenen Anzahlung haben, da er diese ja wegen des Rücktritts wieder an ihn herauszugeben hätte. Soll jetzt der Eigentumsvorbehalt noch den Namen einer Sicherung verdienen, so muß der Verkäufer die Möglichkeit haben, die Sache für Rechnung des Käufers, also in Anrechnung auf den Kaufpreis zu verwerten: dann kommt ihm wenigstens die erhaltene Anzahlung noch zugute und kann vielleicht den Ausfall decken, den er infolge der Wertminderung der Sache bei der Weiterveräußerung erleidet.

b) Für den Käufer bedeutet die Zulassung der Verwertung für seine Rechnung keine Unbilligkeit. Er hat ja während der Kreditfrist Zeit gehabt, sich die Sache zu erwerben; da er sie hat verstreichen lassen, kann er es dem Gegner nicht verargen, wenn dieser nun seine Befriedigung sucht. Es wird hierbei genau so verfahren, als ob die Sache bereits in das Eigentum des Käufers übergangen wäre: Soweit ihr Wert reicht, wird seine Schuld getilgt, und den Überschuß erhält er in bar. Daher kann ihre Verwertung nicht weniger billig erscheinen als eine Zwangsvollstreckung, die der Verkäufer wegen seiner Forderung in einen anderen Vermögensgegenstand des Käufers betreiben ließe. Die Verwertung wird für den Käufer sogar von Vorteil sein, wenn er bereits mehr angezahlt hat als der Unterschied zwischen gegenwärtigem Sachwert und Kaufpreis beträgt: Er bekommt auf diese Weise den Überschuß sofort herausgezahlt und hat die Möglichkeit, ihn nutzbar zu verwenden, während er anderenfalls weder von der Sache noch von der Anzahlung Nutzen hat, solange er zur Nachzahlung des Kaufpreisrestes unfähig ist — unter Umständen also schlechthin auf absehbare Zeit.

Aus all diesen Gründen wird es wohl richtig sein, wenn wir dem Verkäufer die — nach freiem Belieben auszuübende — Befugnis geben, die zurückempfangene Sache für Rechnung des Käufers zu verwerten.[1,2]

---

[1] Diese Ansicht vertritt bis jetzt nur Jaeger a. a. O. Hingegen nimmt Düringer-Hachenburg II, Vorbem. zu § 868 Note XII, 2, c die Verwertungsbefugnis nur dann an, wenn sie besonders vereinbart ist.

[2] Gemeinrechtliche Juristen (vgl. SeuffA. 5 Nr. 156, Leist S. 58f.) geben dem Verkäufer „wegen Zahlungsverzuges des Käufers" und unter der Voraussetzung, „daß die Aufbewahrung dem Verkäufer unbequem und schädlich

Die Art und Weise der Verwertung wird sich nach den Vorschriften des Pfandrechts regeln müssen;[1] denn das Wesen dieser Versilberung besteht ja darin, daß die Sache wie ein Pfand behandelt wird. Daher ist sie auch erst dann gestattet, wenn die Preisforderung fällig ist (vgl. § 1228 BGB.), mag auch im einzelnen Falle die Geltendmachung des Eigentumsvorbehalts durch Rückforderung der Sache schon vor diesem Zeitpunkte zulässig sein (vgl. oben § 5, II, 2 und 3). Zahlungsverzug des Käufers ist nicht erforderlich, sondern nur dessen Annahmeverzug.[2] Letzterer wird aber hier, nach § 298 BGB., regelmäßig gegeben sein (vgl. oben § 9 II) bzw. leicht herbeigeführt werden können. — Indem der Verkäufer die Sache bei der Verwertung wie ein Vermögensstück des Käufers behandelt, erfüllt er gewissermaßen zugleich seine Übereignungspflicht (s. o.); der Käufer hat also keinen Anspruch mehr auf die Sache, selbst wenn er den vollen Preis noch anbieten sollte; überdies schuldet er ja letzteren nur noch insoweit, als der Verkäufer nicht durch eine etwa empfangene Anzahlung und durch die Verwertung der Sache befriedigt ist.

C. Nebenansprüche.

Fordert jemand eine ihm gehörige Sache, die mit oder ohne seinen Willen in fremde Hände gekommen ist, wieder zurück, so ergeben sich regelmäßig für die eine oder die andere Partei, oder auch für beide, Nebenansprüche bezüglich der Nutzungen, der Schäden und der Verwendungen; und so auch hier. Die Ansprüche sind selbstverständlich verschieden je nach der Bedeutung, die der Rückforderung der Sache selbst zukommt. Wir sprechen hier, wie auch vorher schon in diesem Paragraphen, nur von dem Falle, daß der Verkäufer die Rück-

---

wäre", das Recht, die Sache für Rechnung des Käufers zu veräußern. Einen Selbsthilfeverkauf für Rechnung des Käufers haben wir heutzutage zwar im HGB., nicht aber im BGB. Dort kann seine Wirkung auch nicht dadurch herbeigeführt werden, daß der Verkäufer, nachdem er die Sache gem. § 383 BGB. hat versteigern lassen, gegen den Erlös die Kaufpreisforderung des säumigen Käufers aufrechnet (vgl. M. Sohm in Goldschmidts Zeitschr. Bd. 53 S. 116 f. und 137; Planck II, Erl. 1 zu § 383).

[1] Jaeger a. a. O.; vgl. auch, hinsichtlich der analogen Sicherungsübereignung, Düringer in LeipzZ. 08, 104.

[2] Vgl. Staudinger III, Erl. 1a zu § 1228.

gabe fordert, ohne gleichzeitig den Rücktritt vom Vertrage zu erklären (über die Lage beim Rücktritt s. oben § 6 I). Besonders behandelt wird später (s. unten § 13, II, B, 2, c—e) der schon vorher (oben B, 3) erwähnte Ausnahmefall, daß die Rückforderung im Konkurse des Käufers infolge der Erfüllungsablehnung des Verwalters erfolgt.

Wir haben vorher festgestellt, daß der Verkäufer, auch gegenüber dem Käufer, wirklicher Eigentümer ist. Von dieser Tatsache müssen wir bei der Betrachtung der Nebenansprüche ausgehen. Damit ist freilich nicht gesagt, daß wir schlechthin die Vorschriften anwenden könnten, die das Gesetz in den §§ 987 ff. BGB. für die Ansprüche aufstellt, die sich zwischen dem Eigentümer und einem beliebigen Besitzer der Sache ergeben. Denn ein solcher beliebiger Besitzer ist unser Käufer nicht. Der Besitz ist ihm ja vom Eigentümer selbst eingeräumt worden, und der letztere hat auf Grund des Besitzüberlassungsverhältnisses neben der rei vindicatio noch eine persönliche Rückforderungsklage (oben A). Daher haben wir zunächst festzustellen, was sich aus der Konkurrenz dieser beiden Klagen ergibt. Wenn eine persönliche Rückforderungsklage mit der rei vindicatio zusammentrifft, so besteht in doppelter Hinsicht Streit. Erstens fragt es sich: Sind die beiden Klagen, in ihrer Richtung ,auf die Herausgabe der Sache selbst, miteinander verträglich? Dazu haben wir bereits oben (unter A, a. E.) Stellung genommen. Läßt man nun, wie wir, beide Klagen nebeneinander zu, so erhebt sich die weitere Frage: Welchen Einfluß hat die Konkurrenz der Klagen auf die Nebenansprüche? Werden die im Anschluß an die rei vindicatio gegebenen Vorschriften (§§ 987 ff.) durch die Bestimmungen des Besitzüberlassungsvertrages modifiziert oder nicht, oder werden sie gänzlich verdrängt?[1] Ich will diese Fragen im Rahmen der vorliegenden Abhandlung nicht weiter erörtern. Mein Standpunkt soll derjenige sein, den Hellwig einnimmt.[2] Dieser sagt mit Recht, daß die Überlassung des Besitzes seitens des Eigentümers den schlechten Glauben des Besitzers ausschließt; gutgläubiger Besitz im Sinne der §§ 987 ff. liegt aber auch nicht vor; dieser Unterschied ist überhaupt für Besitzer, die auf Grund eines Vertragsverhältnisses zum Eigentümer besitzen, unbrauchbar.[3] Da dieser Unterschied

[1] Vgl. über den Streit neuerdings besonders Siber S. 233 ff.

[2] Hellwig I S. 264 f.

[3] So auch Siber S. 234, und ihm folgend Sohm S. 396.

jedoch der Regelung der Nebenansprüche bei der rei vindicatio zugrunde gelegt ist, so folgt daraus, daß jene Vorschriften für solche Besitzer gar nicht gegeben sind. Und so erkennt Hellwig, während er an sich rei vindicatio und persönliche Rückforderungsklage für nebeneinander zulässig hält, hinsichtlich der Nebenansprüche eine Konkurrenz nicht an, sondern erklärt hier lediglich die Vertragsbestimmungen für maßgebend. Dieser Grundsatz soll auch der unsrige sein: Für die Zeit, während deren der Käufer die Sache auf Grund des Vertrages besessen hat, werden wir die Nebenansprüche lediglich aus den Vertragsbestimmungen und den Vertragszwecken zu entwickeln versuchen. „Auf Grund des Vertrages" besitzt er nun so lange, als ihm aus dem Vertrage ein Besitzrecht zusteht; ist dieses erloschen, so besitzt er aus eigener Macht und nicht mehr auf der Rechtsgrundlage des Vertrages. Das Ende des Besitz- und Gebrauchsrechts wird aber, wie wir gesehen haben (vgl. oben § 4 B a. E. u. § 10), dadurch herbeigeführt, daß der Verkäufer die Sache (unter replicatio non adimpleti contractus) zurückfordert. Demnach bestimmen sich die Nebenansprüche wegen Nutzungen, Schäden und Verwendungen, die in die Zeit bis zum Augenblicke der Rückforderung fallen, nach den Grundsätzen, welche während dieser Zeit vertragsmäßig zwischen den Parteien gegolten haben. Wir könnten natürlich die Normen dieses Besitzüberlassungsverhältnisses jetzt nach seinem Erlöschen nicht mehr anwenden, wenn es mit Rückwirkung aufgehoben würde. Dies ist jedoch nicht der Fall. Denn die replicatio non adimpleti contractus bedeutet keinen Rücktritt vom Kaufvertrage und daher auch nicht von dem Besitzüberlassungsverhältnis, sondern nur eine Kündigung des letzteren für die Zukunft (bezgl. der in der Rückforderung liegenden Kündigung vgl. oben A). Denn mit der Einrede des nicht erfüllten Vertrages kann ein Schuldner zwar die noch nicht geschehene Leistung verweigern, nicht aber die bereits erfolgte Vorleistung ihres Rechtsgrundes berauben. Es bleibt also alles, was der Verkäufer dem Käufer geleistet hat, grundsätzlich unangetastet. Als seine Leistung stellen sich nicht nur die Nutzungen dar, die der Käufer während seines Besitzes tatsächlich gezogen hat; diese hat er nur mittelbar vom Verkäufer empfangen; die eigentliche Vorleistung des Verkäufers besteht vielmehr darin, daß er dem Käufer praktisch im wesentlichen eine Eigentümerstellung eingeräumt hat (vgl. oben § 9 I). Daher gelten nicht nur die Vorteile, die der

Käufer auf Grund dieser Stellung berechtigterweise genossen hat, sondern auch die Aufwendungen, die er in seinem damaligen Rechtskreise gemacht hat, auch jetzt nach dem Ende seiner eigentumsähnlichen Herrschaft noch immer als rechtmäßig und zu Recht erfolgt. Es wird also am Vergangenen in keiner Weise gerüttelt.[1]

Mit den Grundsätzen, die für das Besitzüberlassungsverhältnis gelten, kommen wir aber nicht aus. Denn dieses erlischt ja in dem Augenblicke, in dem der Verkäufer durch das Begehren der Rückgabe das Besitzrecht des Käufers zum Untergange bringt. Wenn also der Käufer zwischen dem Zeitpunkte der Rückforderung und dem der tatsächlichen Herausgabe noch Nutzungen zieht, Schäden verschuldet, Aufwendungen macht, so sagt uns der Besitzüberlassungsvertrag nicht, wem eigentlich die Nutzungen gebühren, wem die Verwendungen obliegen und wer für die Schäden Ersatz beanspruchen kann. Welche Regeln werden nun jetzt gelten? Natürlich die des Sachenrechts: Der Verkäufer hat die Nutzungen als Eigentümer gegenüber jedermann zu beanspruchen und daher auch gegenüber dem Käufer.[2] Der Käufer steht in seiner Eigenschaft als Besitzer nicht mehr in einem besonderen persönlichen Verhältnis zum Eigentümer; daher kann nunmehr die Unterscheidung von redlichem und unredlichem Besitz auf ihn Anwendung finden und damit auch die in den §§ 987ff. BGB. gegebenen Vorschriften bezüglich der Nebenansprüche. Und zwar werden wir ihn regelmäßig als bösgläubigen Besitzer bezeichnen müssen. Bösgläubiger Besitz ist ja, analog § 932 II BGB., dann vorhanden, wenn der Besitzer weiß oder infolge grober Fahrlässigkeit nicht weiß, daß er zum Besitze nicht berechtigt ist. Unser Käufer weiß nun in der Tat vom Erwerbe des Besitzes an, d. h. seitdem ihm die Sache vom Verkäufer unter Eigentumsvorbehalt übergeben ist, daß ihm der Besitz dann nicht mehr zukommt, wenn der Verkäufer, in einem der sich aus dem Sinne des Eigentumsvorbehalts ergebenden Zeitpunkte zulässiger Rückforderung, die Rückgabe der Sache begehrt; sollte er es nicht wissen, dann wird man ihm in der Regel grobe Fahrlässigkeit

---

[1] Gerade das gegenteilige Prinzip gilt, wenn der Verkäufer die Sache unter gleichzeitigem Rücktritt vom Vertrage herausverlangt, vgl. oben § 6 I.

[2] Selbst wenn der Käufer in Annahmeverzug geraten und daher die Gefahr auf ihn übergegangen sein sollte (vgl. oben § 9 II), so gebühren ihm deswegen doch nicht die Nutzungen; vgl. Planck II, Erl. zu § 302; Mot. II S. 74f.

zur Last legen müssen (wir werden seine Unkenntnis allerdings dann nicht als grob fahrlässig bezeichnen können, wenn er eine Rückforderung, die vor dem Ende der Schwebezeit erfolgt, nicht als berechtigt ansieht). Die Folgen, die § 990 I Satz 1 BGB. an das Vorhandensein des bösen Glaubens knüpft, treten hier natürlich nicht schon mit dem Augenblicke des Besitzerwerbes ein; der Käufer hat ja zunächst noch ein Recht zum Besitze, wenn er auch weiß bzw. grob fahrlässig nicht weiß, daß es später endigen wird. Dieses Wissen oder grob fahrlässige Nichtwissen stellt sich erst dann als böser Glaube dar, wenn das Besitzrecht wirklich erlischt; deshalb setzt auch die Haftung des bösgläubigen Besitzers erst in diesem Zeitpunkte ein. Ist der Käufer mit der Herausgabe der Sache im Verzuge, so haftet er natürlich nach Verzugsgrundsätzen (§ 990 II BGB.).

Wenn wir nun soeben gesagt haben: Sobald die Regeln des Besitzüberlassungsverhältnisses mit dessen Erlöschen aufhören zu wirken, treten die im Sachenrecht aufgestellten allgemeinen Normen in Kraft, so dürfen wir eins nicht vergessen: die sachenrechtlichen Regeln bezüglich der Fruchtziehung usw. werden bei Geltendmachung der rei vindicatio nur insofern wirksam, als sich aus ihnen Ersatzansprüche ergeben. Das sind aber persönliche Ansprüche und keine dinglichen.[1] Wir haben es also auch in den §§ 987ff. mit einem Schuldverhältnis zu tun. Dieses ist dort allgemein für den Fall geregelt, daß ein beliebiger Besitzer dem Eigentümer zur Herausgabe der Sache verpflichtet ist. Unser Käufer ist aber, wie schon gesagt, durchaus kein beliebiger Besitzer, auch nicht nach dem Ende seines Nutzungsrechtes. Es besteht vielmehr zwischen ihm und dem Eigentümer außer diesem allgemeinen Schuldverhältnisse der §§ 987ff. noch ein besonderes Schuldverhältnis auf Grund des noch immer fortdauernden Kaufvertrages. Zwar ist es nicht mehr ein Besitzüberlassungsverhältnis — und deshalb ist ja jetzt auch Raum für die Geltung der im Sachenrecht aufgestellten Ersatzansprüche — aber das Schuldverhältnis dreht sich doch immer noch um dieselbe Sache, deren Rückgabe jetzt begehrt wird. Daher kann eine Kollision des besonderen Schuldverhältnisses mit dem generellen, sagen wir „sachenrechtlichen" Schuldverhältnis sehr leicht eintreten. In solchen Fällen wird natürlich das letztere

[1] Vgl. Planck III, Vorbem. 1b zu §§ 985ff.

unterliegen, seine Vorschriften also durch die Bestimmungen des speziellen Schuldverhältnisses modifiziert werden.

Das Ergebnis dieser umständlichen Erörterungen ist folgendes: Fordert der Verkäufer die Sache zurück, sei's mit der rei vindicatio sei's mit der persönlichen Klage, dann sind die Nebenansprüche hinsichtlich der Nutzungen, Schäden und Verwendungen

1. für die Zeit, während deren der Käufer zum Besitze berechtigt war, ausschließlich aus dem Besitzüberlassungsverhältnis zu entwickeln.

2. Für die Zeit nach dem Ende der Besitzberechtigung, d. h. vom Augenblicke der Rückforderung an, bis zur tatsächlichen Aushändigung der Sache an den Verkäufer, bestimmen sich die Nebenansprüche grundsätzlich nach den §§ 987 ff.; doch sind daneben die Vereinbarungen und die Zwecke des Kaufvertrages im Auge zu behalten.[1]

Auf dieser Grundlage wollen wir jetzt die Ansprüche im einzelnen bestimmen.

A. **Für die in die Zeit der Besitzberechtigung des Käufers fallenden Nutzungen, Schäden und Verwendungen** gilt folgendes:

a) **Nutzungen:** Da der Käufer zu ihrem Bezuge berechtigt war (vgl. oben § 10), braucht er sie jetzt nicht herauszugeben.[2]

b) **Schäden:** Da der Käufer praktisch im wesentlichen eine Eigentümerstellung hatte, so war er für selbstverschuldete Schäden an sich niemand verantwortlich als sich selbst. Aber mit Rücksicht darauf, daß die Sache nach dem Vertrage dem Verkäufer zur Sicherung dienen soll, war der Käufer verpflichtet, die Sache zu schonen und zu erhalten, damit er bei Rückforderung in der Lage wäre, sie, soweit es an ihm liegt, unbeschädigt herauszugeben (vgl. oben § 10). Hat er diese Erhaltungspflicht verabsäumt, so muß er jetzt für den durch sein Verschulden entstandenen Schaden Ersatz leisten. Der hier in Betracht kommende Schaden besteht darin, daß die Sache dem Verkäufer infolge ihrer Beschädigung eine geringere Sicherheit für die Kaufpreisforderung

[1] Behrens S. 46f., Frey S. 52f. und Stern S. 37 wenden ebenfalls nach dem Ende des käuferischen Nutzungsrechtes (das sie allerdings schon mit dem Ausfall der Bedingung aufhören lassen) die §§ 987 ff. an, übersehen aber, daß das Kaufvertragsverhältnis diese Vorschriften modifiziert.

[2] Auch Behrens, Frey und Stern a. a. O. und Loepert S. 61 Abs. 5 belassen ihm die Nutzungen, die er während der (von ihnen falsch begrenzten) Nutzungszeit gezogen hat; ihre Gründe scheinen mir aber zum Beweise ihrer Behauptung nicht auszureichen.

bietet. Der Verkäufer ist also hinsichtlich seiner Benachteiligung in der gleichen Lage wie ein Pfandgläubiger, dessen Pfandsache in die Hände des Verpfänders und persönlichen Schuldners gelangt und durch dessen Schuld verletzt worden ist. Wir können folglich die Grundsätze, die dort für den Ersatzanspruch des Pfandgläubigers gelten, auf die Ansprüche des Verkäufers analog anwenden. So ergibt sich, daß letzterer den Ersatz, den er bekommt, auf seine Preisforderung anzurechnen hat und daß demgemäß der Ersatzanspruch in seiner Höhe durch die Höhe der Preisforderung einschließlich von Nebenansprüchen wegen etwaigen Zahlungsverzuges begrenzt ist.[1] Der Schadenersatzanspruch ist aus diesem Grunde nur dann von Bedeutung, wenn der Verkäufer zwar zur Rückforderung der Sache berechtigt ist, aber die zu sichernden Ansprüche selbst noch nicht geltend machen kann, also nur in solchen Fällen, wo Rückforderung vor dem Ausfalle der Bedingung möglich ist.

c) Verwendungen: Kraft seiner Eigentümerstellung lag dem Käufer während seiner Nutzungsberechtigung die Erhaltung der Sache und die Tragung sämtlicher Lasten ob (vgl. oben § 10). Daher sind sie ihm bei der Herausgabe nicht zu ersetzen, nicht einmal, soweit es außerordentliche Verwendungen sind, denn er hat ja auch solche Nutzungen genossen, die nicht zum ordnungsmäßigen Ertrage gehörten.[2]

B. Ersatzansprüche für die Zeit vom Ende der Besitzberechtigung des Käufers bis zur tatsächlichen Herausgabe der Sache:

a) Nutzungen: Der Käufer hat als bösgläubiger Besitzer die Nutzungen herauszugeben, welche er zieht, und diejenigen zu ersetzen, welche er bei ordnungsmäßiger Wirtschaft ziehen müßte, aber schuldhafterweise nicht zieht (§ 987, vgl. § 990 BGB. und das oben auf S. 80f. Gesagte). Der Ersatz ist nicht auf den Kaufpreis anzurechnen; denn die Nutzungen gebühren dem Verkäufer seit dem Ende des käuferischen Nutzungsrechtes schlechthin in seiner Eigenschaft als Eigentümer.

b) Schäden: Der Käufer hat an sich nach § 989, vgl. § 990 BGB., alle verschuldeten Schäden zu ersetzen. Diese Verpflichtung wird aber durch das besondere, auf dem Kaufvertrage beruhende Schuldverhältnis modifiziert. Denn nach dem Kaufvertrage dient die Sache dem Ver-

[1] Zum Vergleich s. Biermann, Erl. 2b zu § 1227.
[2] Unrichtig Stern S. 37; ebenso offenbar Behrens S. 47.

käufer, solange der Vertrag besteht, nur als Sicherungsmittel: Sobald der Käufer den Preis zahlt, hat er sie diesem wieder herauszugeben und zu übereignen. Daher treffen ihn Schäden auch nur insofern, als dadurch die Sicherungskraft der Sache gemindert wird. Daher kann auch hier, genau wie oben unter A, b, die Analogie des Pfandgläubigers herangezogen werden. Und aus dieser folgt, daß der zu leistende Schadenersatz auf die Kaufansprüche anzurechnen ist, und daß er diese Ansprüche nicht überschreiten darf. — Dem Anspruche des Verkäufers auf Ersatz des vom Käufer verschuldeten Schadens steht nicht entgegen, daß er — der Verkäufer — jetzt möglicherweise die Gefahr trägt (vgl. oben § 9 II); denn auch dann haftet er nicht für einen Schaden, an dessen Eintritt der Käufer schuld ist.

c) Verwendungen sind dem Käufer nach Maßgabe der §§ 994 ff. BGB. zu ersetzen. Das Kaufvertragsverhältnis ändert hieran nichts. Der Verkäufer ist zwar verpflichtet, die Sache später gegen Zahlung wieder herauszugeben, so daß der unmittelbare Nutzen insbesondere von außerordentlichen Verwendungen dem Käufer zugute kommen wird. Trotzdem ist nicht zu übersehen, daß auch der Verkäufer von den Verwendungen des Käufers mindestens indirekten Vorteil hat. Denn sobald das Nutzungsrecht des Käufers erloschen ist, ist auch die Erhaltung der Sache nicht mehr seine Aufgabe, sondern die des Verkäufers, und dieser haftet dem Käufer bei späterer erneuter Übergabe für die jetzt entstehenden Sachmängel. Die Erhaltung der Sache liegt also im Interesse des Verkäufers. Daher ist es nicht anders als billig, daß er dem Käufer die notwendigen Verwendungen, die dieser gemacht hat (für andere als notwendige kann ja ein bösgläubiger Besitzer keinen Ersatz verlangen; § 996 BGB.) nach näherer Maßgabe jener Vorschriften vergütet. Bei Annahmeverzug des Käufers (vgl. oben § 9 II) greift unter Umständen wegen § 304 BGB. eine Ausnahme Platz: Ist die Sache so beschaffen, daß sie der Verkäufer nach Rückempfang nicht nutzen kann, ohne eine Verschlechterung ihres Zustandes, für die er ja später aufzukommen hätte, befürchten zu müssen (z. B. eine Maschine, im Gegensatz zu einem Tier), dann stellt jede Aufwendung, die der Verkäufer machen müßte, von Anfang an eine „Mehraufwendung“ dar, weil sie ja nicht durch spätere Nutzungen gemindert werden kann; und daher dürfte er dem Käufer zum Ersatze der von diesem gemachten Aufwendungen nicht verpflichtet sein.

3. Hauptabschnitt.

§ 13

Die Wirkungen des Eigentumsvorbehalts im Konkurse des Käufers.

Wird über das Vermögen des Käufers der Konkurs eröffnet, so lange er, ohne den Preis bezahlt zu haben, die Sache noch im Besitze hat, so tritt damit der Verkäufer zu anderen Gläubigern seines Gegners in Konkurrenz, und es muß sich zeigen, ob der Eigentumsvorbehalt sich als Sicherungsmittel bewährt.

I. Die Lage im allgemeinen.

Von vornherein sei hervorgehoben, daß wir nicht schlechthin, wie es die ältere Theorie tat, mit dem Eintritte der Zahlungsunfähigkeit die Bedinguug als ausgefallen ansehen (vgl. oben § 5, II, 1). Daher beantwortet sich die Frage, ob und wann dem Herausgabeanspruche des Verkäufers im Konkurse keine Einreden mehr entgegenstehen, in jedem Falle anders. Die Entscheidung richtet sich nach denselben Gesichtspunkten wie außerhalb des Konkurses (vgl. oben § 5 II), nämlich danach, ob die Schwebezeit abgelaufen oder ein Fall des vorzeitigen Sicherungsbedürfnisses eingetreten ist. Daß auch das letztere im Konkurse keineswegs stets der Fall ist, wurde ebenfalls oben (§ 5 II, 3, A, a. E.) erwähnt.

Das Konkursverfahren umfaßt nach § 1 KO. nur das Vermögen des Gemeinschuldners, welches ihm zur Zeit der Eröffnung des Verfahrens gehört. Damit steht zunächst fest, daß das Eigentum an der Sache, kurz gesagt „die Sache", solange der Käufer nicht den Preis vollständig bezahlt hat, nicht in die Konkursmasse gehört und demnach vom Verwalter nicht verwertet werden kann. Denn vorher hat der Käufer die Sache ja noch nicht erworben. Nun hat er aber eine Anwartschaft anf das Eigentum, die sich vor Fälligkeit der Zahlung auf eine primäre, nachher auf eine sekundäre bedingte Einigung stützt (vgl. oben S. 47). Diese Anwartschaft fällt in die Masse;[1] und wegen

[1] Ebenso dem Sinne nach OLG. 10 (05), 199; vgl. Jaeger 3. und 4. Aufl. A. 57 zu § 1.

ihrer Massezugehörigkeit gelangt auch das Eigentum, das der Gemeinschuldner durch Eintritt der (primären oder sekundären) Bedingung während des Konkurses erwirbt, in die Masse, obwohl ihm die Sache zur Zeit der Konkurseröffnung noch nicht gehört und auch der nachträgliche Erwerb nicht etwa auf diesen Zeitpunkt zurückwirkt.[1] Außer der Anwartschaft wird Gegenstand des Konkursverfahrens auch der Anspruch des Käufers auf Benutzung der Sache, nach Analogie des Miet- und Pachtrechts,[2] desgleichen die Früchte, die, auf Grund der diesem Anspruche entsprechenden Erlaubnis zur Aneignung (§ 956 I BGB.), selbst während des Verfahrens vom Gemeinschuldner erworben werden.[3]

II. Die besonderen Rechte des Verkäufers.

Die Stellung des Verkäufers im Konkurse wird einerseits bestimmt durch seinen Anspruch auf Erfüllung des Kaufvertrages und andererseits durch das ihm an der Sache vorbehaltene Eigentum.

A. Aussonderung.

Kraft des Eigentumsvorbehalts hat der Verkäufer einen (bedingten oder unbedingten) Herausgabeanspruch und ist daher, falls der Verwalter die Sache für die Masse in Anspruch nimmt, berechtigt, sie, als dem Gemeinschuldner nicht gehörig, auszusondern (§ 43 KO.). Er kann dies tun sowohl auf Grund seines Eigentums als auch auf Grund des ihm vertragsmäßig zustehenden Herausgabeanspruches (s. oben § 12 A)[4], braucht also sein Eigentum gar nicht zu beweisen; denn es genügt, daß die Sache nicht dem Gemeinschuldner gehört. Die Einzelheiten dieser Aussonderung bestimmen sich, wie es das Gesetz allgemein vorschreibt, nach den außerhalb des Konkursverfahrens geltenden Grundsätzen. Insbesondere wird es darauf ankommen, ob dem Herausgabeanspruch noch Einreden entgegenstehen oder nicht. An sich bleibt er ja im Konkurse mit denselben Einreden behaftet wie

---

[1] Ebenso Behrens S. 51, Frey S. 51; Beispiel: RG. 53, 350; vgl. Jaeger a. a. O.

[2] Über letzteres vgl. Jaeger a. a. O., A. 1 zu § 19.

[3] Vgl. Jaeger a. a. O. A. 61 zu § 1.

[4] Ebenso: JW. 94, 181 f.[11]; OLG. 13 (06), 78[q]; 19 (09), 210.

außerhalb,[1] und diese fallen auch nicht früher weg, als es außerhalb des Konkurses geschehen würde, ausgenommen den einen, nachher zu besprechenden Fall, wo der Verwalter die Vertragserfüllung ablehnt. Solange nun solche Einreden noch vorhanden sind, kann sich die Aussonderung nicht im Wege der Rückforderung vollziehen; sie kann dann lediglich gerichtet werden auf Feststellung der Nichtzugehörigkeit der Sache zur Masse.[2] Hat der Konkursverwalter den Aussonderungsgegenstand veräußert, so kann der Verkäufer die Abtretung des Rechts auf die Gegenleistung verlangen, soweit diese noch aussteht oder unterscheidbar in der Masse vorhanden ist (§ 46 KO. „Ersatzaussonderung"). Ist das eingezogene Geld nicht mehr von der übrigen Masse zu scheiden, so kann der Verkäufer als Massegläubiger die ungerechtfertigte Bereicherung herausverlangen (§ 59 Nr. 3 KO.), möglicherweise, wegen Verschuldens des Verwalters, sogar vollen Schadenersatz aus der Masse fordern (§ 59 Nr. 1 KO.). Ersatzaussonderung kann er auch dann begehren, wenn der Gemeinschuldner die Sache vor Konkurseröffnung veräußert hat und die Gegenleistung zur Zeit der Eröffnung des Verfahrens noch aussteht.[3]

B. Anwendbarkeit des § 17 KO.

Bezüglich seines Anspruches auf Erfüllung ist für den Verkäufer zunächst § 17 KO. von Bedeutung, insofern als er möglicherweise — je nach der Entscheidung des Verwalters — eine Masseforderung auf volle Preiszahlung, mindestens aber eine Konkursforderung auf Schadenersatz wegen Nichterfüllung erhalten kann. Die Voraussetzungen dieses Paragraphen sind gegeben: Der Kauf ist ein zweiseitiger Vertrag. Er ist zur Zeit der Konkurseröffnung beiderseits noch nicht vollständig erfüllt. Denn der Käufer hat den Preis noch nicht, mindestens noch

---

[1] Behrens S. 48; vgl. Jaeger, 2. Aufl., A. 3 zu § 43; J.W. 06, 436[25].

[2] Beispiel für diese Art der Aussonderung beim Eigentumsvorbehalt: OLG. 15 (07), 235f[n]; vgl. auch Jaeger, 2. Aufl. A. 33 zu § 43; 3. und 4. Aufl., A. 15 zu § 26 (S. 291).

[3] Zu Vorstehendem vgl. Jaeger, 2. Aufl., A. 36 zu § 43; A. 12, 14 und 15 zu § 46; 3. und 4. Aufl., A. 15 zu § 26 (S. 291 oben); Staub II, Exk. zu § 382 A. 90; letzterer bezeichnet unrichtigerweise die Ansprüche des Verkäufers aus § 46 und § 59 gleichermaßen als Masseschulden; die Ansprüche aus § 46, auch aus Satz 2, bilden aber Aussonderungsrechte; so Jaeger, 2. Aufl., A. 19 zu § 46.

nicht in voller Höhe bezahlt; und der Verkäufer hat zwar den Besitz, aber noch nicht das Eigentum auf den Gegner übertragen; Übergabe und Verschaffnng des Eigentums sind ja die beiden ihm vom § 433 BGB. auferlegten Verpflichtungen. Daß die Übereignungspflicht noch nicht erfüllt sei, hat man mehrfach angezweifelt,[1] weil infolge der bedingten Übertragung der Erwerb nur noch vom Käufer selbst abhängt. Letzteres schafft aber die Tatsache nicht aus der Welt, daß der Übergang des Eigentums eben noch nicht erfolgt ist und daher weiter geschuldet wird. Auch der Wortlaut des § 17 I: der Verwalter könne die Erfüllung von dem anderen Teile „verlangen", ist kein Beweis gegen die Richtigkeit unserer Auffassung; er „verlangt" hier die Erfüllung, indem er erklärt, seinerseits für den Gemeinschuldner erfüllen zu wollen, und dafür alle vertragsmäßigen Folgen, insbesondere den Erwerb des Eigentums für den Kridar, beansprucht.[2] Die Anwendbarkeit des § 17 wird jetzt in der Literatur auch fast durchweg anerkannt.[3] Trotzdem werden erst wieder neuerdings von Lubowski[4] die alten Gegengründe geltend gemacht. Wenn freilich das Reichsgericht (64, 207) das Nichterfülltsein der Übereignungspflicht damit begründet, daß der Übereignungswille in dem Moment vorhanden sein müsse, in welchem die Bedingung eintrete, daß also der dingliche Vertrag vor diesem Zeitpunkte überhaupt noch nicht geschlossen sei, so ist das gewiß kaum zutreffend, und Lubowski hat Recht, dies zu beanstanden. Es ist letzterem aber nicht beizustimmen, wenn er sagt: unser Verkäufer habe den Vertrag genau so erfüllt wie ein Grundstücksverkäufer, der die Auflassung vollzogen habe, ohne daß der seinem Einfluß entrückte richterliche Akt der Eintragung bereits vorgenommen sei. Diese Analogie ist unzulässig. Denn wenn es auch selbst in jenem Falle dahingestellt sein mag, ob der Verkäufer vollständig erfüllt hat,[5] so muß man doch zugeben, daß er dort wenigstens getan hat, was in

[1] So besonders v. Wilmowski-Kurlbaum A. 4 zu § 17.

[2] So Jaeger, 3. und 4. Aufl., A. 11 zu § 17.

[3] Vgl. außer Jaeger a. a. O.: v. Sarwey-Boßert A. 2a zu § 17 (S. 100 oben); Staub a. a. O.; RG. 64, 206f. (= Gruchot 08, 154f. = JW. 06, 759[31]); RG. 64, 336f.; 46, 99; vgl. auch RG. 49, 189ff.; 53, 352; JW. 94, 181[11]; Diss.: Loepert S. 45, Pudor S. 56, Stern S. 38, Behrens S. 48, Frey S. 54.

[4] Lubowski im Zentralblatt für freiwillige Gerichtsbarkeit 9 (09), 68ff.

[5] Vgl. hierüber Jaeger a. a. O.

seinen Kräften stand. Unser Verkäufer hingegen hat dem durch die Übergabe bereits eingeleiteten Eigentumsübergange im eigenen Interesse geflissentlich ein Hindernis in den Weg gestellt: nämlich die Bedingung der Zahlung; er hat also nicht getan, was in seinen Kräften stand, sondern hat lediglich die Einrichtung getroffen, daß der Eigentumsübergang, den er erst gegen Empfang der vollen Zahlung herbeizuführen entschlossen ist, sich in diesem Zeitpunkte automatisch vollzieht. Er hat seinem Gegner zwar in dem Sinne das Eigentum „verschafft", daß es nun nur noch vom Käufer abhängt, es zu erwerben. Wenn aber Lubowski darin das Wesen der von § 433 BGB. geforderten „Eigentumsverschaffung" erblickt, so irrt er: denn dann würde ja der Verkäufer den Vertrag z. B. auch dadurch erfüllen können, daß er dem Käufer die Sache unter der Bedingung übereignet, daß jener ihm eine aus irgendeinem anderen Grunde geschuldete Summe bezahle. Das Gesetz verlangt jedoch zur Erfüllung eine unbedingte Eigentumsverschaffung; auch eine Potestativbedingung steht der Erfüllung entgegen.

Unanwendbar ist § 17 selbstverständlich dann, wenn die Sache als wesentlicher Bestandteil mit einem Grundstücke des Käufers verbunden worden ist; denn damit ist das Eigentum auf den Käufer übergegangen (vgl. oben § 2, A, zu 2). Der Kaufvertrag ist also seitens des Verkäufers erfüllt, wenn auch diese Art des Eigentumserwerbes nicht in seinem Sinne gelegen hat.[1]

Auf Grund des § 17 kann nun der Verwalter Erfüllung oder Nichterfüllung des Vertrages wählen. Äußert er sich nicht, so kann ihn der Verkäufer zur Entscheidung drängen: Wenn er ihn auffordert, sich darüber zu erklären, ob er die Erfüllung beansprucht und der Verwalter diesem Verlangen nicht unverzüglich nachkommt, so gilt die Erfüllung als abgelehnt (§ 17 I KO.).[2]

1. **Entscheidet sich der Verwalter für die Erfüllung**, so ist der Vertrag durch ihn als gesetzlichen Vertreter des Massesubjekts genau so zu erfüllen, wie es der Käufer außerhalb des Konkurses hätte tun müssen; die Zahlungsverbindlichkeit wird Masseschuld (§ 59 Nr. 2 KO.); sie geht daher allen Konkursforderungen (§ 57) und selbst den Massekosten (§ 60) vor; im Zwangsvergleich ist sie unver-

[1] Staub a. a. O.

[2] Vgl. Jaeger a. a. O. A. 40 zu § 17.

kürzt aus der Masse zu decken (§§ 191 I, 193).[1] Der Zeitpunkt der Fälligkeit bleibt unverändert, auch wenn er der Konkurseröffnung nachfolgen sollte (§ 65 findet keine Anwendung). Geht er vorüber, ohne daß der Preis vollständig gezahlt wird, so fällt die Bedingung aus, und der Verkäufer kann die Sache durch Rückforderung aussondern (s. oben A). Über Rückforderung wegen ungünstigen Massestandes vgl. oben § 5, II, 3, A, a. E.

2. **Lehnt der Verwalter die Erfüllung** (ausdrücklich oder stillschweigend) **ab**, „so erlöschen für die Zukunft die wechselseitigen Erfüllungsansprüche; an ihre Stelle tritt, wenn der Verkäufer infolge der Ablehnung Schaden erleidet, eine einseitige Konkursforderung auf Schadenersatz wegen Nichterfüllung des Vertrages" (§ 26 KO.).[2]

a) Welche Wirkung hat das nun auf den Eigentumsvorbehalt? Ist damit etwa schlechthin die Bedingung ausgefallen, auch wenn der Zahlungstermin noch nicht verstrichen sein sollte? Dies scheint allerdings die Meinung besonders des Reichsgerichts zu sein;[3] denn wenn der Eigentumsvorbehalt schon für den Fall der nicht rechtzeitigen Erfüllung der Käuferverpflichtungen vereinbart worden sei; so müsse er, meint das Reichsgericht, erst recht in dem jetzt eingetretenen Falle geltend gemacht werden können, wo „der Vertrag fernerhin überhaupt nicht erfüllt wird". Das letztere ist nun m. E. nicht ganz richtig. Es mag ja fast immer zutreffen, daß nach der Ablehnung des Verwalters auch außerhalb des Konkurses überhaupt keine Erfüllung mehr erfolgt, geschweige denn rechtzeitige Erfüllung. Zum Ausfalle der Bedingung genügt es indessen nicht, daß der Tatbestand, an den sich die Rechtswirkung knüpfen soll, sich aller Voraussicht nach nicht mehr verwirklichen wird; seine Verwirklichung muß vielmehr absolut ausgeschlossen sein.[4] Zwar kann nun nach Erfüllungsablehnung des Verwalters keine der beiden Parteien mehr von der anderen Erfüllung begehren und keine der anderen die Erfüllung in Gestalt eines Surrogats aufzwingen. Aber der Vertrag besteht ruhig weiter[5] und mit

[1] Vgl. Staub a. a. O.; Jaeger a. a. O. A. 33 und 34 zu § 17.

[2] Jaeger a. a. O. A. 43 zu § 17; s. auch RG. 64, 207.

[3] JW. 94, 181[11]; vgl. auch RG. 46, 99. Derselben Ansicht ist Staub a. a. O. A. 90, arg. e contr. A. 91.

[4] Vgl. Staudinger I, Erl. 4 zu § 158.

[5] Jaeger a. a. O. A. 44 zu § 17; Staub a. a. O. A. 90; JW. 07, 315[18]; RG. 49, 192.

ihm natürlich die sich aus ihm ergebenden Ansprüche, also auch der Anspruch auf den rückständigen Kaufpreis. Die einzige Änderung, welche die Erklärung des Verwalters in dem Vertragsverhältnisse herbeiführt, ist die, daß die Realisierung der Ansprüche nicht mehr in Form der Erfüllung verlangt werden kann, sondern nur in der Weise, daß die beiderseitigen Forderungen gegen einander verrechnet werden und lediglich die Differenz, soweit sie nicht etwa auf andere Weise wieder ausgeglichen wird, als Schadenersatz geleistet wird. Kann nun auch die Realisierung in Erfüllungsform nicht mehr gefordert werden, so ist doch denkbar, daß sie freiwillig geleistet und freiwillig angenommen wird.[1] Sie ist also so lange nicht ausgeschlossen, als die Ansprüche noch vorhanden, noch nicht durch die andere Realisierungsart vollständig getilgt sind. Z. B. kann ja der Gemeinschuldner durch einen Glücksumstand nach Konkurseröffnung ein großes Vermögen erwerben und nun den Verkäufer durch Erfüllung befriedigen, vorausgesetzt, daß dieser zur Annahme bereit ist. Da also, wie wir sehen, die Erfüllung noch möglich ist, mag auch ein Anspruch darauf nicht mehr bestehen, so ist jedenfalls die Bedingung nicht ausgefallen.

Wenn wir nun auch die Meinung des Reichsgerichts in diesem Punkte nicht teilen, so gelangen wir doch auf andere Weise zu demselben praktischen Ergebnisse. Wir haben schon oben in § 5, II, 2 darauf hingewiesen, daß in der Erfüllungsablehnung des Konkursverwalters die Erklärung enthalten ist: der Käufer, den er ja vertritt, verzichte darauf, das Eigentum auf Grund der unter Eigentumsvorbehalt erfolgten Übergabe zu erwerben. Dieser Verzicht ergibt sich hier auf eine etwas andere Weise als in dem oben behandelten Falle, wo ihn der Käufer außerhalb des Konkurses dadurch ausspricht, daß er erklärt, nicht erfüllen zu wollen und zwar auch in Zukunft nicht. Allerdings erklärt der Verwalter hier ebenfalls, nicht erfüllen zu wollen. Soweit nun diese Worte bedeuten, daß er nicht die Absicht habe, zu erfüllen, kann ihre Geltung nicht über den Konkurs hinausreichen; denn nachher ist die Absicht des Konkursverwalters nicht mehr maßgebend, und es

[1] Dies scheint mir im Grunde nicht unvereinbar mit der auch von mir im übrigen geteilten Auffassung Jaegers a. a. O. A. 50 und 51 zu § 17; bezüglich des von Jaeger in A. 50 herangezogenen § 326 BGB. vgl. Staudinger II, 1, Erl. III, 5, a zu § 326: „Weder der Gläubiger noch der Schuldner kann nach Ablauf der Frist einseitig Erfüllung fordern".

ist nicht ausgeschlossen, daß der Käufer, auf den es dann allein ankommt, den entgegengesetzten Willen bekundet. Wäre nun wirklich der Sinn der Erklärung kein anderer als der: „Ich werde den Vertrag während des Konkurses nicht erfüllen", so ließe sich daraus ein Verzicht auf den Eigentumserwerb nicht herauslesen. Die Worte des Verwalters haben aber noch eine andere Bedeutung, die über den Konkurs hinausreicht: Von nun an kann keiner der Vertragsgegner mehr die Erfüllung beanspruchen, weder während des Konkurses noch nachher. Insbesondere ist der Gemeinschuldner an die Entscheidung des Verwalters gebunden.[1] Und zwar verliert er das Recht auf die Erfüllung schlechthin, mag zu dieser eine besondere Tätigkeit des Verkäufers erforderlich sein oder mag sich die Erfüllung, wie bei uns kraft der bedingten Übereignung, automatisch vollziehen. So enthält die Erfüllungsablehnung des Verwalters, genau wie die Erfüllungsverweigerung des Käufers außerhalb des Konkurses, in der Tat den Verzicht auf den Eigentumserwerb. Damit entscheidet sich zunächst, wie auch dort, daß die bedingte Übereignung nicht zum Ziele führen wird; infolgedessen ist die Schwebezeit beendet, und der Käufer hat gegenüber der rei vindicatio keine Einrede mehr auf Grund der bedingten Übereignung. Er hat aber auch — und durch diese Wirkung unterscheidet sich der Verzicht des Verwalters von dem des Käufers selbst — die andere Einrede nicht mehr, die ihm aus dem Kaufvertrage zustand und die in den übrigen Fällen der Rückforderung erst durch eine replicatio non adimpleti contractus des Verkäufers entkräftet werden muß; denn der Gemeinschuldner hat ja hier das Recht auf Erfüllung seiner Ansprüche aus dem Kaufvertrage verloren. Einer replicatio bedarf es demnach gar nicht. Aus dem gleichen Grunde kommen dem Käufer hier die Nutzungen ausnahmsweise schon vom Augenblicke der Erfüllungsablehnung an nicht mehr zu (vgl. oben zu § 10). Zwar ist sein Anspruch auf die Nutzungen an sich noch nicht erloschen (s. vorher), wohl aber sein Recht, die Realisierung dieses Anspruches durch Erfüllung zu fordern. Daß ihm der Verkäufer die Erfüllung freiwillig gewähren wolle, kann selbst aus einer Verzögerung des Rückgabebegehrens nicht geschlossen werden. Die Erzeugnisse der Sache, soweit sie nach der Erklärung des Verwalters getrennt werden,

[1] Vgl. Jaeger a. a. O. A. 50 zu § 17.

fallen nun nicht mehr in das Eigentum des Gemeinschuldners und daher auch nicht in die Masse (vgl. oben I und § 10).

b) Haben wir festgestellt, daß infolge der Erfüllungsablehnung des Verwalters, der rei vindicatio des Verkäufers an sich keine Einrede mehr entgegensteht, so bleibt zu prüfen, ob die Rückforderung bei dem durch die Erklärung des Verwalters geschaffenen Zustande überhaupt möglich ist, insbesondere, ob sie nicht durch § 26 KO. verboten wird. Diese Gesetzesvorschrift besagt: „Wenn infolge der Eröffnung des Konkursverfahrens die Nichterfüllung einer Verbindlichkeit des Gemeinschuldners eintritt, so ist der andere Teil nicht berechtigt, die Rückgabe seiner in das Eigentum des Gemeinschuldners übergegangenen Leistung aus der Konkursmasse zu verlangen." Ein Fall der Nichterfüllung ist hier allerdings gegeben; auch tritt diese — wenigstens mittelbar[1] — infolge der Konkurseröffnung ein. Aber die dritte Voraussetzung trifft nicht zu: Die „Leistung" des Verkäufers ist, dank dem Eigentumsvorbehalte, nicht in das Eigentum des Gemeinschuldners übergegangen. Daher findet § 26 keine Anwendung. Die Rückforderung ist also dem Verkäufer nicht verwehrt und wird sich als Aussonderung (s. oben A) vollziehen.[2]

c) Die Rücknahme der Sache durch den Verkäufer, welche wegen Erfüllungsablehnung im Konkurse erfolgt, hat eine andere Bedeutung als die Rücknahme in den übrigen Fällen. Das hängt damit zusammen, daß der Kaufvertrag, infolge der Erklärung des Verwalters bzw. seiner Verschweigung, nicht mehr auf beiderseitige Erfüllung gerichtet ist, sondern nur noch auf Tilgung des Schadens, der dem Verkäufer durch Erlöschen der Erfüllungsansprüche erwachsen ist. Da der Verkäufer nicht mehr berechtigt ist, Zahlung zu fordern, kann ihn die Sache nicht mehr für den Kaufpreisanspruch sichern; und weil der Käufer nicht mehr die Sache fordern kann, so braucht sie der Verkäufer nicht mehr für ihn bereit zu halten. Er kann sie daher ohne Gefahr, trotz Fortbestehens des Vertrages, für eigene Rechnung versilbern. Eine Verwertung für Rechnung des Käufers hätte gar keinen Sinn mehr; denn das hieße ja: die Sache wie ein Vermögensstück des Käufers behandeln; damit würde er diesem unnötigerweise

---

[1] Vgl. Jaeger a. a. O. A. 43 zu § 17.

[2] Motive zur KO. S. 91; Jaeger a. a. O. A. 3 und 15 zu § 26; RG. 46, 99; 56, 241; JW. 07, 315[18]; LeipzZ. 09, 786.

etwas geben, was er gar nicht mehr verlangen kann. Wofür aber sichert ihn jetzt die Sache? So darf man hier nicht fragen; denn der Verkäufer hat keine andere Forderung mehr als die, schadlos gehalten zu werden. Für diese aber kann er nicht gesichert werden; denn wo eine Sicherung, da kein Schaden. Nur gegen den Schaden selbst, auf dessen Ersatz die Forderung geht, kann er gesichert werden und wird er auch gesichert durch den Eigentumsvorbehalt. Die Sache dient ihm somit nicht subsidiär für einen Ausfall an einer Forderung, sondern prinzipaliter, indem sie durch ihren Wert den Schaden mindert und insoweit die Ersatzforderung überflüssig macht. Die letztere also ist hier das Subsidiäre. Sie kommt erst dann in Betracht, wenn die Ansprüche, die sich für den Verkäufer aus dem Eigentumsvorbehalte ergeben, seinen Schaden nicht auszugleichen vermögen. So schließen Rückgabeanspruch und Schadenersatzforderung einander nicht aus, sondern ergänzen sich gegenseitig.[1] Und das ist sehr wichtig; denn der Schadenersatzanspruch bietet dem Verkäufer nur eine unvollkommene Deckung: er kann ihn ja nur als Konkursgläubiger geltend machen (§ 26 Satz 2 KO.), ist also in dieser Hinsicht auch den Nachteilen eines Zwangsvergleiches ausgesetzt.

d) Durch die Richtungsveränderung des Kaufvertrages wird auch alles, was vor dem Ende des Besitzüberlassungsverhältnisses, d. h. hier: vor der Erfüllungsablehnung (s. oben a, a. E.), zwischen den Parteien geschehen ist, anders orientiert. Zwar bleibt auch hier, wie in den gewöhnlichen Fällen der Rücknahme, das Vergangene grundsätzlich unangetastet, weil der Vertrag nicht rückwirkend aufgelöst ist. Da er jedoch seinen Zweck geändert hat und nur noch auf Schadloshaltung des Verkäufers gerichtet ist, so wird damit alles bisher Geleistete, wenn der Verkäufer dadurch einen reinen Vorteil erhalten hat, insofern seines Rechtsgrundes beraubt. Ein solcher Gewinn kann sich leicht dann herausstellen, wenn der Käufer eine Anzahlung gemacht hat: Empfängt jetzt der Verkäufer die Sache wegen des Eigentumsvorbehalts zurück und ist deren Wert nicht nur nicht gemindert, sondern, infolge allgemeiner Preissteigerung, sogar gewachsen, so hat er, da er die Sache nicht wieder herauszugeben braucht, von der Erfüllungsablehnung nicht den geringsten Schaden, sondern nur Vorteil. Freilich ist er

[1] Vgl. Jaeger a. a. O. A. 45 zu § 17; Staub a. a. O. A. 90.

dadurch, daß seine eigene Sache ohne Verdienst des Käufers wertvoller geworden ist, noch nicht ungerechtfertigt bereichert. Denn die Sache und daher auch der zufällige Wertzuwachs waren ja gar nicht in das Vermögen des Käufers übergegangen. Dieser erleidet demnach durch ihre Rückgabe keinen rechtlichen Verlust; aber die Anzahlung stellt sich jetzt als Bereicherung dar;[1] denn der Verkäufer hat, nachdem er durch Rückempfang der Sache vor Schaden völlig bewahrt ist, keinen Anspruch mehr aus dem Kaufe; deswegen erscheint die Anzahlung nunmehr als indebitum und kann mit der condictio causa finita (§ 812 I Satz 2 BGB.) zurückgefordert werden.[2,3] Außer durch Anzahlungen kann sich eine Bereicherung auch dadurch ergeben, daß der Käufer Verwendungen auf die Sache gemacht hat (s. unten e). — Ist der Verkäufer trotz Rückempfanges der Sache noch immer geschädigt oder wenigstens nicht bereichert, so hat er weder Anzahlungen noch Verwendungen zu erstatten; sie mindern natürlich seinen Schaden und damit seinen Anspruch auf Schadloshaltung.

e) Aus den unter c und d dargelegten Abweichungen vom Normalfalle der Rücknahme ergibt sich, daß auch die Nebenansprüche nicht ganz dieselben sein können wie sonst (vgl. oben § 12 C). Wir müssen hier wieder unterscheiden, in welche Zeiträume die Nutzungen, Schäden und Verwendungen fallen:

α) Zeit der Besitzberechtigung des Käufers (dauert bis zur Erfüllungsablehnung des Verwalters, s. oben a):

αα) Nutzungen sind, genau wie im Normalfalle (s. daselbst), nicht zu vergüten; sie sind ja auf Grund der Leistung des Verkäufers in das „Eigentum" des Gemeinschuldners übergegangen (vgl. § 26 Satz 1 KO.).

ββ) Schäden: Wegen der Verpflichtung des Käufers, die Sache um des Sicherungszweckes willen zu schonen und zu erhalten, sind die von ihm verschuldeten Schäden, wie gewöhnlich, zu ersetzen. Wie der

---

[1] Frey S. 54 Abs. 2.

[2] Vgl. über diesen noch streitigen Punkt Jaeger a. a. O. A. 46 zu § 17 und die dort angegebene Literatur.

[3] Über die Ausgleichung dieses Bereicherungsanspruches mit dem Ersatzaussonderungsanspruche des Verkäufers, bzw. seinem Bereicherungsanspruche gegen die Masse wegen Veräußerung des Aussonderungsobjekts, vgl. RG. 46, 99 und Staub a. a. O. A. 90.

zu vergütende Schaden im Normalfalle durch die Kaufpreisrestforderung, so wird er hier durch den Ausfall, den der Verkäufer infolge der Erfüllungsablehnung erleidet, in seiner Höhe begrenzt (die subsidiäre Schadenersatzforderung aus § 26 Satz 2 KO. bleibt hier außer Betracht; vgl. oben c). Während aber dort der gegenwärtige Wert der Sache selbst nicht in Ansatz kommt, wird er hier vorher abgezogen. Der Grund ist folgender: Im Normalfalle sichert die Sache den Verkäufer wegen einer Forderung und zwar mit ihrem vollen Werte; einen Überschuß hat der Verkäufer erst bei einer Verwertung für Rechnung des Käufers zurückzuerstatten; wird ihr Wert durch den Käufer gemindert, so entgeht also dadurch dem Verkäufer ein Teil der ihr innewohnenden Sicherungskraft, von welcher er noch nicht weiß, in welchem Umfange er sie brauchen wird. In unserem Falle hingegen tilgt die Sache den Nichterfüllungsschaden des Verkäufers unmittelbar in der Höhe ihres Wertes; reicht letzterer aber trotz einer Beschädigung der Sache zur vollen Deckung des Nichterfüllungsschadens aus, so erleidet der Verkäufer keinen Ausfall; und nur um dieses möglichen Ausfalles willen war ja der Käufer während seiner Nutzungszeit zur Schonung und Erhaltung der Sache verpflichtet. — Die Forderung auf Ersatz der Schäden wird der Verkäufer gewöhnlich als Konkursgläubiger geltend zu machen haben; denn die schädigende Handlung wird in der Regel vor Konkurseröffnung erfolgt sein; damit ist aber die Ersatzpflicht als eine durch die Erfüllungsablehnung des Verwalters und das Rückgabebegehren des Verkäufers bedingte bereits vor dem Konkurse vorhanden, und das genügt nach § 67 KO. zum Begriffe einer Konkursforderung.[1]

$\gamma\gamma$) Verwendungen: Grundsätzlich wie im Normalfalle, also nicht zu ersetzen. Soweit aber der Verkäufer durch sie bereichert ist, hat er sie zu vergüten (s. oben d).

β) Nachdem das Besitzrecht des Käufers erloschen ist, gilt folgendes:

$\alpha\alpha$) Nutzungen: Herausgabepflicht wie im Normalfalle. Die Früchte sind gar nicht in das Eigentum des Gemeinschuldners und deshalb auch nicht in die Masse übergegangen (vgl. oben a).

$\beta\beta$) Schäden sind wie im Normalfalle, soweit verschuldet, dem

---

[1] Vgl. Jaeger a. a. O. A. 15 zu § 3.

Verkäufer zu vergüten. Sie bedeuten aber hier nicht nur eine Minderung der Sicherungskraft der Sache; denn da er die Sache um ihrer selbst willen, nicht aber wegen einer durch sie gesicherten Forderung zurückverlangt, so trifft ihn jeder Schaden nicht nur nach Maßgabe eines Forderungsausfalles, sondern in voller eigener Höhe und ist daher voll zu ersetzen, mag auch der Nichterfüllungsschaden gar nicht so hoch sein. Ebenso würde ihm ja die nicht beschädigte Sache in ihrem ganzen, selbst den Nichterfüllungsschaden übersteigenden Werte zukommen, soweit nicht Verwendungen des Käufers darin enthalten sind. — Beruhen die Schäden auf Verschulden des Verwalters, so ist die Ersatzpflicht Masseschuld (§ 59 Nr. 1 KO.).

γγ) Verwendungen sind, ebenfalls wie im Normalfalle, vom Verkäufer zu ersetzen; allerdings wird diese Ersatzpflicht durch das auf dem Kaufvertrage beruhende Schuldverhältnis modifiziert (vgl. oben S. 81 f.): Soweit der Verkäufer kraft dieses Verhältnisses noch Ansprüche an den Gegner hat, soweit er also noch eine Konkursforderung wegen Nichterfüllung geltend machen kann, ist eine Pflicht zum Ersatze von Verwendungen des Gegners, weil damit unverträglich, ausgeschlossen. Denn die Sache ist dazu bestimmt, den Nichterfüllungsschaden unmittelbar zu decken; solange aber dieser nicht geringer ist als der Sachwert einschließlich der Verwendungen, hat der Verkäufer durch die Rücknahme der Sache gar nichts empfangen, was er nicht vertragsmäßig zu beanspruchen hätte.[1]

3. **Entscheidet sich der Konkursverwalter weder für Erfüllung noch für Nichterfüllung und wird keine Aufforderung zur Erklärung an ihn gestellt**, so daß es auch nicht zu einer Verschweigung kommen kann, so läßt der Konkurs den Bestand des Schuldverhältnisses unberührt.[2] Es kann nach der Konkursbeendigung in seiner ursprünglichen Gestalt geltend gemacht werden; der Verkäufer kann aber auch im Konkurse seine Kaufpreisforderung anmelden und sich des Eigentumsvorbehalts bedienen (darüber unter C). Meldet er nicht an, dann läßt sogar der Zwangsvergleich das Schuldverhältnis un-

---

[1] RG. 49, 191 wendet das hier unter γγ Gesagte auf alle Verwendungen des Käufers an, mögen sie in die Zeit des Besitzüberlassungsverhältnisses fallen oder nicht; das praktische Ergebnis bleibt im wesentlichen dasselbe.

[2] So die herrschende Meinung; vgl. Jaeger a. a. O. A. 53 und 54 zu § 17.

verändert;[1] denn der Anspruch auf Erfüllung des gegenseitigen Vertrages ist als solcher keine Konkursforderung.

C. Anmeldung der Kaufpreisforderung.

§ 17 KO. gewährt dem Verkäufer eine Vorzugsstellung, insofern er nicht auf eine Anmeldung seiner Kaufpreisforderung beschränkt ist. Er ist aber nicht gezwungen, von seinem Vorrechte Gebrauch zu machen. Vorausgesetzt, daß nicht der Verwalter das ihm durch den § 17 gegebene Wahlrecht ausübt, ist es dem Verkäufer nicht verwehrt, seine Preisforderung, wenn er dies für zweckmäßiger hält, als Konkursgläubiger anzumelden. Die Anmeldung ändert an dem Schuldverhältnisse nichts, abgesehen davon, daß er natürlich jetzt Konkursgläubiger ist und als solcher mit seiner Forderung dem Zwangsvergleich unterliegt (§ 193 KO). In der Anmeldung der Forderung liegt auch nicht etwa ein Verzicht auf die Geltendmachung des Eigentumsvorbehalts, ebensowenig wie er in einer außerkonkursmäßigen Verfolgung des Kaufpreisanspruches enthalten ist. Überhaupt sind — entsprechend den Verhältnissen außerhalb des Konkurses — Aussonderung und Anmeldung der Preisforderung durchaus nebeneinander möglich.[2,3]

---

[1] Streitig; vgl. darüber Jaeger a. a. O. A. 55 zu § 17.

[2] Jaeger a. a. O. A. 15 zu § 26; SeuffA. 50 Nr. 151; BadRpr. 01, 302; 03, 281; PucheltsZ. 05, 353; LeipzZ. 07, 515[8]; OLG. 15 (07), 236[a]. Dissert.: Behrens S. 47 Abs. 3, Loepert S. 45 Nr. 2, Pudor S. 58 Nr. 3, Stern S. 39, Frey S. 54. Vgl. oben § 7, I, 1 a. E. und die übrigen dort angeführten Stellen.

[3] Eine Ausnahme macht hier natürlich wieder das Gesetz betr. die Abzahlungsgeschäfte wegen seines § 5: Fordert der Abzahlungsverkäufer die Sache im Wege der Aussonderung zurück, so übt er damit den Rücktritt aus (vgl. PosMSchr. 03, 25f.; Dernburg BGB. II 2 § 171 III A. 12) und verliert so seinen Kaufpreisanspruch, kann ihn also nicht mehr anmelden. Allerdings ist auch hier die Aussonderung neben der Anmeldung der Preisforderung nicht völlig ausgeschlossen. Denn die Vermutung des § 5 AbzG. gilt nur für den Fall, daß der Verkäufer die Sache auf Grund des Eigentumsvorbehalts „wieder an sich nimmt". Die Aussonderung hat aber die Bedeutung eines „Wieder-an-sich-nehmens" nur dann, wenn sie sich als Rückforderung der Sache darstellt. Sie kann jedoch, wie wir oben unter A gesehen haben, auch bloß darauf gerichtet sein, daß die Nichtzugehörigkeit der Sache zur Masse festgestellt wird. Hierin würde auch nach der Auffassung des Gesetzes eine Rücktrittserklärung nicht enthalten sein. Jaeger a. a. O. A. 15 zu § 26.

Insbesondere sichert der Eigentumsvorbehalt den Verkäufer für einen Ausfall an der Konkursforderung. § 26 KO. steht einer Rückforderung der Sache hier ebensowenig entgegen wie im Falle der Erfüllungsablehnung: die Sache war ja noch nicht in das Eigentum des Gemeinschuldners übergegangen.[1] An der Art und Weise der Geltendmachung des Eigentumvorbehalts ändert sich durch die Anmeldung des Kaufpreisanspruches nichts. Insbesondere bestimmt sich der Zeitpunkt, wann Rückforderung der Sache, ungehindert durch Einreden, möglich ist, nach den von uns dafür aufgestellten allgemeinen Grundsätzen und wird nicht dadurch beeinflußt, daß die angemeldete Preisforderung im Konkurse auch dann als fällig gilt, wenn der Zahlungstermin noch nicht da ist (§ 65 I KO.). Die Rücknahme der Sache hat hier dieselbe Bedeutung wie außerhalb des Konkurses; sie ist also an sich keine unmittelbare Befriedigung des Verkäufers,[2] wenn es ihm auch unbenommen bleibt, die Sache für Rechnung des Käufers zu verwerten; die Nebenansprüche sind folglich die gleichen wie dort und entsprechen nicht denjenigen, welche bei Rücknahme im Falle der Erfüllungsablehnung gegeben sind.

Der Eigentumsvorbehalt bleibt dem Verkäufer auch dann noch als letzte Zuflucht erhalten, wenn seine angemeldete Preisforderung im Zwangsvergleich, soweit sie nicht befriedigt wird, sich durch Erlaß in eine Naturalschuld verwandelt.[3] Denn der Vorbehalt des Eigentums ist, trotz seiner Eigenart, aufs innigste mit dem fiduziarischen Eigentum verwandt. Dieses hält aber, anerkanntermaßen, genau wie ein Pfandrecht, dem Zwangsvergleiche stand.[4] Auch hier liegt kein Grund vor, der Rücknahme eine andere Bedeutung beizulegen als die, welche sie außerhalb des Konkurses hat. —

Anmerkung: Hat der Eigentumsvorbehalt die Bedeutung einer resolutiv bedingten Übereignung, so ist der Verkäufer im Konkurse des Käufers wesentlich ungünstiger gestellt. Er hat hier die Sache dem Gegner bereits übergeben und

[1] Vgl. oben B, 2, b, ferner v. Wilmowski-Kurlbaum A. 6 Satz 2 zu § 26.

[2] Daher haben Behrens, Loepert, Pudor und Stern a. a. O., unrecht, wenn sie den gegenwärtigen Wert der Sache auf die Kaufpreisforderung anrechnen.

[3] Über die Wirkung des Zwangserlasses vgl. Jaeger 2. Aufl. A. 5 zu § 193, BadRpr. 03, 281.

[4] § 193 Satz 2 KO.; Jaeger, 3. und 4. Aufl., A. 15 zu § 26; BadRpr. a. a. O.; vgl. SeuffA. 50 Nr. 151.

übereignet, das letztere allerdings unter einer Rückfallsklausel; im Sinne des § 433 I BGB. hat er damit seinen Verpflichtungen noch nicht vollständig genügt; denn das Gesetz fordert natürlich eine Übereignung, die nicht verklausuliert ist. Der Rechtsmangel ist jedoch von besonderer Art; denn er besteht darin, daß die Leistung, die an sich vollständig ist, später wieder rückgängig gemacht werden soll. Der Verkäufer hat also zunächst gar nichts mehr zu leisten. § 17 KO. will aber nur diejenigen Gläubiger schützen, die noch zu leisten haben: Sie sollen nicht selber vollständig leisten müssen, während die Verpflichtung des Gemeinschuldners nur konkursmäßig erfüllt wird. Daher findet der Paragraph hier keine Anwendung; der Konkursverwalter hat nicht das Wahlrecht zwischen Erfüllung und Nichterfüllung, und der Verkäufer kann ihn nicht zu einer Erklärung darüber auffordern (a. M. Staub a. a. O. A. 91). Der Verkäufer ist also hinsichtlich seines Anspruches auf Erfüllung des Kaufvertrages nur auf die Anmeldung der Kaufpreisforderung angewiesen. Und wenn er hierbei einen Ausfall erleidet, kann er sich dann des Eigentumsvorbehalts bedienen und die Sache aussondern? Darauf gibt uns § 26 KO. die Antwort. Dieser Paragraph spricht von der „Nichterfüllung einer Verbindlichkeit" infolge der Konkurseröffnung. Das Wort „Nichterfüllung", im Sinne des ersten, für uns allein in Betracht kommenden Satzes der Vorschrift, umfaßt hier mehrere Fälle: Nichterfüllung liegt nicht nur dann vor, wenn der Verwalter die Erfüllung des Vertrages gemäß § 17 KO. ablehnt, sondern auch dann, wenn sich ein Konkursgläubiger infolge der Eröffnung des Verfahrens mit der Dividende zufrieden geben muß (RG. 17, 83; Jaeger, 3. und 4. Aufl., A. 11 zu § 26). Gerade das letztere trifft hier zu. Und für diesen Fall, bestimmt § 26, ist der Gläubiger „nicht berechtigt, die Rückgabe seiner in das Eigentum des Gemeinschuldners übergegangenen Leistung aus der Konkursmasse zu verlangen". Man könnte die Anwendbarkeit dieser Vorschrift auf unseren Verkäufer mit der Begründung ablehnen, daß ja das Eigentum bei Eintritt der Resolutivbedingung von selbst auf ihn zurückfalle (§ 158 II BGB.), die Leistung sich also von diesem Augenblick an nicht mehr als eine „in das Eigentum des Gemeinschuldners übergegangene" darstelle (so v. Wilmowski-Kurlbaum A. 6 zu § 26). Allein aus dem ganzen Zwecke des § 26 (vgl. Jaeger a. a. O. A. 1 zu § 26) folgt, daß Gegenstände, die einmal in die Konkursmasse gelangt sind, ihr auch durch einen dinglichen Rückfall, der bloß aus dem Grunde der Nichterfüllung im Konkurse eintritt, nicht wieder entzogen werden sollen. Und daher müssen wir anerkennen, daß wenn der Verwalter die Sache zur Masse gezogen hat, das Eigentum, trotz Eintritts der Resolutivbedingung, nicht auf den Verkäufer zurückfällt und letzterer demnach ein Aussonderungsrecht nicht hat (so: Jaeger a. a. O. A. 15 und 16 zu § 26; Fitting § 6 Note 65; Oetker in Buschs Zeitschr. f. Zivilprozeß Bd. 14 S. 29; aus etwas äußerlichen Gründen Staub a. a. O. A. 91, der auf diese Weise dazu gelangt, dem § 26 die Wirkung dann zu versagen, wenn der Parteiwille dahin ging, daß das ganze Rechtsverhältnis mit rückwirkender Kraft aufgelöst sein soll; er meint offenbar, damit sei die Tatsache aus der Welt geschafft, daß die Verkäuferleistung „in das Eigentum des Gemeinschuldners übergegangen" sei). —

Metzger & Wittig, Leipzig.

FSC
www.fsc.org
MIX
Papier | Fördert gute Waldnutzung
FSC® C083411

Kolibri 360 GmbH
Ferdinand-Jühlke-Straße 7
99095 Erfurt, Deutschland
produktsicherheit@kolibri360.de